公務員試験 【高卒程度・社会人】

らくらく総まとめ

人文科学

[日本史/世界史/地理/倫理/文学・芸術/国語]

資格試験研究会 編 実務教育出版

本書の構成と使い方

本書の構成

本シリーズは，高等学校卒業程度（初級），社会人区分の公務員試験を短期間で攻略するための要点整理集です。

● 本書の特長

◎よく出るテーマ・よく出る知識を厳選！

出題された過去問を分析し，よく出ているテーマを厳選することにより，試験で問われるポイントを効率よくまとめています。テーマの重要度を「☆」で表しているので，メリハリをつけて学習できるようになっています。

◎読み流し＋赤シートで周回速度アップ！

本書は教科書のように読み流すことができるので，試験本番まで時間のない方や受験勉強が久しぶりの方でも，スピーディーに科目のポイントをおさらいすることが可能です。

特に覚えるべき項目や要点は赤文字になっているので，付属の**「暗記用赤シート」**を使って赤文字を隠して，暗記をしながら知識の定着度を確認することもできます。

◎過去問で出題形式をチェック！

各テーマの最後に**「過去問にチャレンジ」**を設け，実際の試験ではどのように知識が問われるのかを確認できるようになっています。

● 使い方のヒント

本シリーズのテーマの分類は，過去問集の定番シリーズとなっている**「初級スーパー過去問ゼミ」に準拠**しているので，「初級スーパー過去問ゼミ」と併用して学習することで，より一層理解を深めることができます。

本試験まで時間のない人は**「☆☆☆」のテーマを優先して学習**し，「☆」は直前期に目を通しておくといった学習法をお勧めします。1ページにあまり時間をかけずに，まずは1冊を通して取り組んでみてください。そして1度読み終えたらそれで終わりにせず，**何度も周回する**ようにしましょう。何度も周回することで知識の定着化が図れます。

通学・通勤などのスキマ時間を活用し，本書を繰り返し読み込んで，知識のマスターをめざしましょう！

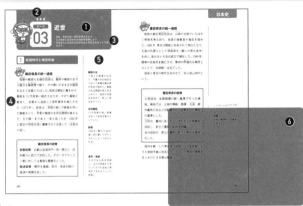

❶ テーマタイトル

テーマ分類は「初級スーパー過去問ゼミ」シリーズに準拠しています。

❷ テーマの重要度

各テーマの初めに，そのテーマがどのぐらい重要なのかを☆で表しています。学習に当たって，☆☆☆のところは最優先でマスターしましょう。

　☆☆☆ … どの試験にも出題される重要なテーマ

　　☆☆ … 比較的重要なテーマ

　　　☆ … 一部の試験のみで出題されるテーマ

❸ 学習のポイント

各テーマの出題傾向と学習に当たっての注意点を解説しています。ここを意識しながら学習することで，何を覚えるべきなのかがわかるため，より効率的に進められます。

❹ 本文

各テーマを教科書のように流れに沿って学べるようにしてあります。

読み流すように進められるので，1回で理解・暗記しようとせずに，何度も周回してください。

文章だけでなく，表や図形を用いて視覚からも理解を促しています。

特に重要な要点は赤文字になっているので，赤シートで隠しながらの暗記が可能です。

❺ 補足

文中に出てくる専門用語や制度などの細かい知識を補足・解説しています。

サッと目を通しておくと，文中の理解もより深まり，調べる時間を短縮できるので学習がさらに効率的になります。

❻ 付属の赤シート

赤シートをかぶせると赤文字部分が見えなくなるので，穴埋め問題のように使うことも可能です。メモなどの書き込みを加える際も，薄い赤色やピンク色のペンを使えば，同様の使い方ができます。

CONTENTS

公務員試験
[高卒程度・社会人]らくらく総まとめ

人文科学 目次

試験名の表記について

- 国家一般職／税務／社会人 …… 国家公務員採用一般職試験［高卒者試験］
  ［社会人試験（係員級）］，税務職員採用試験，
  国家公務員採用Ⅲ種試験
- 地方初級 …………………………… 地方公務員採用初級試験
  （道府県・政令指定都市・市役所・消防官採用
  試験［高卒程度］）
- 東京都 …………………………… 東京都職員Ⅲ類採用試験
- 特別区 …………………………… 特別区（東京23区）職員Ⅲ類採用試験

人文科学 攻略のポイント

日本史

ここが出る！ 最近の出題傾向

　江戸時代，次いで明治～大正時代と鎌倉～室町時代の順に出題され，特に江戸の三大改革や日清・日露戦争などが頻出している。第一次世界大戦から現代はあまり多く出題されていないが，東京都・特別区は注意したい。

　貿易・外交などの対外関係史は近隣諸国（中国・朝鮮など）を中心に，時代に関係なくよく出題されている。

　社会人・地方初級・特別区では土地制度・対外関係・宗教などのテーマ別通史が出題されている。試験により出題傾向・難易度が異なるので気をつけてもらいたい。

ここに注意！効果的な学習法

Point ❶ 最初に頻度の高い江戸時代を整理する

　正徳の治・享保の改革・田沼時代・寛政の改革・天保の改革について，将軍や政治担当者，時代背景，政策とその内容・結果などを整理しておきたい。また，鎖国完成までの過程，開国までの過程，和親条約と通商条約の内容，開国の影響についても学習しておきたい。

Point ❷ 日中・日朝関係史は重要

　弥生時代から現在にいたるまでの中国・朝鮮・台湾との対外関係史は通史的な問題として出題されることが多い。使節の派遣・貿易・戦争などが出題の中心となる。年表や地図などを利用して知識を確認しておきたい。

Point ❸ 問題演習で正誤判定問題に慣れる

　出題形式で最も多い正誤判定問題を苦手とする人は多い。正確な知識も必要だが，確実に選択肢を読みとり，明らかな誤りを探す。時代・時期の矛盾はないか，歴史用語・人名・数字・地名などが正しく用いられているかなどを確認したい。以上の点に留意しながら多くの問題を解いて慣れることが大切である。

世界史

 ここが出る！ 最近の出題傾向

多くの試験で，西洋史と東洋史が1問ずつという出題パターンである。西洋史では，近代（17〜19世紀）からの出題が多く，ルネサンス，宗教改革，市民革命，列強の海外進出などが出題されている。東洋史では中国王朝史が中心となる。次いで第二次世界大戦後の情勢が頻出となっている。

全般的に西洋史の比重が大きいが，アジア史，特に中国史の出題も増えているので注意してほしい。

大きな事件の原因や発生順序を問うもの，貿易・宗教などのテーマ別通史，ある時期の各地の状況を問う同時代史など，出題形式は多彩である。

 ここに注意！効果的な学習法

Point❶ まずは最重要の現代史から始めよう

世界史の範囲は広いので，「古代文明」から取りかかっていたのでは，試験までに学習が終わらない可能性がある。まずは出題の多い西洋・東洋近代史から始め，その流れで現代史まで続け，その後テーマ別に整理し，さらに余裕があれば古代や中世を見ておく，といった順序がおすすめである。

Point❷ 細かい年号よりも順序関係を覚える

択一式という公務員試験の形式からしても，たとえば「アヘン戦争は1840年に起こった」の「1840年」が具体的に問われることは少ない。それよりも，「アヘン戦争→アロー戦争→清仏戦争→日清戦争」という歴史的な順序関係の知識を覚えるほうが重要である。

Point❸ 地図で歴史の流れをイメージしよう

ヨーロッパや中国の歴史は，地図のイメージを頭に植えつけると理解しやすい。さらには「フランス革命の時代にアメリカ合衆国が独立し，アジアはオスマン＝トルコ，ムガル帝国，清の時代であった」というふうに，世界全体で範囲を広げていこう。

地理

ここが出る！ 最近の出題傾向

どの試験においても，世界の気候区，各国地誌，日本の地理が最重要テーマである。気候では気候区ごとに代表的な都市との組合せ問題が多い。

各国地誌では東南アジア，ヨーロッパの出題頻度が高い。どの地域についても，気候や農業の特徴がポイントとなっている。

貿易では農産物・工業用原料の主要貿易相手国が重要である。

なお，地方初級では，例年1問は各国地誌に関する問題が出題される。

ここに注意！効果的な学習法

Point ❶ 気候と土壌，農業はセットで覚える

気候（気温・降水量）と土壌，農業形態・主要農産物は密接な関係にあるので，主要国別にセットで覚えよう。出題パターンもほぼ決まっているので，問題演習を繰り返すこと。

Point ❷ 各国地誌はしっかり暗記しよう

各国地誌は，その国の自然，民族，産業，歴史などの特徴が出題される。政治，社会，世界史など他の科目の学習とも関連づけて，主要国の特徴を整理しておこう。

Point ❸ 最近の統計データをチェック

特に日本の貿易に関しては，最近の統計をもとにした問題がよく出題される。新しいデータは過去問ではカバーできない場合があるので，地理統計資料集などで基本的なデータは確認しておきたい。人口・農産物・鉱工業生産などのデータについても，細かい数値よりは大まかな傾向や順位が重要である。

倫理

ここが出る！ 最近の出題傾向

　倫理が出題される試験は限られている。ただ，例年1問は出題される国家一般職・特別区・警視庁のほかにも，地方初級等で出題されることがある。

　西洋思想，なかでもイギリス経験論と大陸合理論，実存主義の出題が多く，また出題形式としては，有名な思想家の著書や内容などの知識を問う問題がほとんどであり，難易度は高くない。

ここに注意！効果的な学習法

Point❶ 歴史の学習の一環として

　世界史や日本史の学習の際に，思想家・宗教家と特徴的なキーワードなどをチェックしてまとめる方法で十分対応できる。

Point❷ 人名と著書はセットで覚えよう

　F. ベーコン，ロック，ホッブズ，ルソー，デカルト，パスカル，ヒューム，カント，キルケゴール，ハイデッガー，ニーチェ，サルトル，中江兆民などがよく出る思想家である。人名と著書・思想の組合せ問題に対応できるようにしておこう。

文学・芸術

ここが出る！ 最近の出題傾向

　文学と芸術のいずれかから1問出題される試験が多いが，特別区では例年芸術が1問出題されている。

　文学については，日本も西洋も近代以降の文学が多く，日本については，特に明治時代～昭和初期の近代文学が中心となっている。作家と作品の組合せ問題が多い。なお，近年は，日本文学・西洋文学ともに古典の出題数が減少している。

　芸術についても近代以降が中心で，画家や作曲家と作品の組合せ問題が多い。

Point ❶ 文学は日本史とともに

文学で出題される事項は，著名な作家・作品ばかりである。たとえば日本史で明治・大正時代を学習するついでに，ざっと押さえておこう。

Point ❷ 芸術は世界史とともに

芸術についても，世界史の学習の際に，著名な画家・音楽家とその代表作を注意しておけば十分カバーできるが，試験勉強のためでなく，日頃から興味を持って美術や音楽に親しむことが，一番の早道かもしれない。

国語

 ここが出る！ 最近の出題傾向

出題の中心は熟語の読み・書きを考えさせる漢字の問題であり，慣用句・ことわざ・四字熟語もよく出題される。試験によって独自の傾向があるので，過去問で把握することが不可欠である。

また地方初級と警察官では，四字熟語，ことわざなどの一般的項目のほか，敬語の用法など文法も頻出である。

 ここに注意！効果的な学習法

Point ❶ 漢字は実際に書いて覚える

出題形式は択一式だが，問題を見ているだけではなかなか覚えられない人も多いはず。実際に書く練習をしておけば，作文や面接カードを書くときにも役立つ。

Point ❷ 過去問でよく出る事項をチェック！

漢字の読み方，四字熟語，ことわざなどは，過去に何度も出題されているものが多い。問題演習の繰り返しで，よく出るものをおさえよう。

日本史

★
テーマ
01

古代

・天皇と権力者の推移を軸に，それぞれが行った改革・事件や戦乱をおさえよう。
・文化史は仏教の流れを軸に，美術・文学などを覚えよう。

1 律令国家の時代 （古墳～奈良時代）

　大陸から伝わった稲作が盛んになると，有力者（豪族）が支配する小さな国が各地に出現した。その一つ，ヤマト政権がどのように全国を支配する仕組みを整えたのか見てみよう。

ヤマト政権の発展

　5世紀から6世紀にかけて関東から九州中部まで支配を広げたヤマト政権の中で，物部氏と蘇我氏が台頭した。やがて両者は対立するようになり，587年，蘇我馬子が物部守屋を滅ぼし，蘇我氏が権力を握った。

　推古天皇が即位すると，おいの厩戸王（聖徳太子）は蘇我馬子と協力して，大王（天皇）を中心とする政治制度を整えた。また，中国の進んだ制度や文化を取り入れるため，607年に小野妹子を遣隋使として派遣した。

厩戸王の政治

・冠位十二階の制…有能な人物の登用制度。

ヤマト政権

3世紀後半頃，奈良盆地を中心とする大和地方の豪族たちが「大王」を盟主として作った政権。氏姓制度を設けた。

仏教は6世紀の半ば，朝鮮半島の百済からもたらされたんだ。

蘇我氏と物部氏

蘇我氏は渡来人と結んで政治を行い，大陸から伝わった仏教を積極的に受容するが，物部氏は伝統や古来の信仰を重んじたことから両者は対立した。

遣隋使

中国の技術や政治を学ぶために派遣。小野妹子は隋と対等な関係を結ぼうとする国書を隋の皇帝・煬帝に渡した。

・憲法十七条…役人の心がまえを定める。

律令国家の成立

厩戸王の死後，勢いを増した蘇我氏への反発が強まっていった。645年，中大兄皇子は中臣鎌足らとともに蘇我入鹿を暗殺して蘇我氏を滅ぼし，公地公民制への移行などの諸改革を始めた。この諸改革を大化の改新という。

中大兄皇子は即位して天智天皇となったが，死後，跡継ぎを巡って壬申の乱が起こった。これに勝利した大海人皇子は，飛鳥浄御原宮で即位して天武天皇となった。

701年，唐の法律にならった大宝律令が完成し，政治の仕組みが整えられた。人々は戸籍に登録され，戸を単位として6歳以上の男女に口分田が与えられ，税として租が課せられた（班田収授法）。

奈良時代の始まり

710年，唐の長安にならって造られた平城京へ遷都した。政府は人口増加による口分田不足と税の増収をはかるため，三世一身法，墾田永年私財法を出して開墾による土地の私有を認めた。これにより，貴族や大寺院，地方豪族たちが農民を使って開墾を進めたり買い取ったりしたため私有地の拡大が進んだ。これを荘園と呼び，公地公民制の

天智天皇
667年に近江大津宮に遷都して，670年に最初の戸籍となる庚午年籍（こうごねんじゃく）を作成した。

天武天皇
新たな身分制度として八色の姓（やくさのかばね）を制定。また，富本銭（ふほんせん）の鋳造，『古事記』『日本書紀』につながる国史の編纂を命じている。

大宝律令
文武（もんむ）天皇の時代に，刑部（おさかべ）親王と藤原不比等（ふひと）（中臣鎌足の子）が作成。中央には神祇官と太政官が置かれ，太政官の下には8つの省があった。地方は国・郡・里に分けられ，国司や郡司が治めた。

租
人々は口分田の収穫の3％程度の稲を税として納めた。ほかに，調（特産品）・庸（都の労役）・雑徭（地方の労役）などを負担させた。兵役で集められた兵の一部は，都を守る衛士（えじ）や，九州の沿岸を守る防人（さきもり）となった。

原則が崩れていった。

土地制度の変遷

- **班田収授法**…土地は国のものであり，6歳以上の男女に田（口分田）を貸し，死後返還させる。
- **三世一身の法**…自分で水路，土地を開墾した人には三代にわたって土地の私有を認める。
- **墾田永年私財法**…自分で土地を開墾した人に永久に私有を認める。

　また，聖武天皇は仏教の思想を取り入れて国家の安定をはかろうとし，全国に**国分寺・国分尼寺**を造らせ，奈良に**大仏**を造立した。以後，仏教勢力が力を持ち，政界に大きく関わるようになった。

2 平安時代

　桓武天皇は，仏教勢力を権力から遠ざけるため，平城京から長岡京，さらに平安京へと遷都した。この遷都から鎌倉幕府が開かれるまでの時代を平安時代という。

平安時代の主な天皇まとめ

天皇	実力者	法令・事件など
桓武天皇		平安京遷都・勘解由使・蝦夷の討伐

勘解由使
国司の交代の際に不正がなかったか審査する役職。

蝦夷の討伐
政府は東北を拠点にしていた蝦夷の討伐に乗り出し，坂上田村麻呂を征夷大将軍に任命。蝦夷の族長の阿弖流為（アテルイ）を帰順させた。

格式（きゃくしき）
律令を補足・修正したものが「格」，律令の施行細則が「式」としてまとめられた。

弘仁格式
嵯峨天皇が格式を種類ごとに編纂したもの。弘仁格式，貞観格式，延喜格式が三代格式。

天皇	実力者	法令・事件など
嵯峨天皇	藤原冬嗣	蔵人頭・検非違使・弘仁格式
宇多天皇	菅原道真	
醍醐天皇		延喜の荘園整理令・延喜格式
後三条天皇		延久の荘園整理令
	白河上皇	院政開始

摂関政治

摂政や関白など天皇を補佐する職が中心となって動かした政治を摂関政治という。

嵯峨天皇（桓武天皇の子）の信任を得て蔵人頭になった藤原冬嗣は，天皇家と婚姻関係を結ぶことで関係を強化していった。以降，藤原氏は他氏族を退けながら勢力を伸ばし，摂政・関白に就いて政治の実権を握るようになった。

藤原氏を外戚としない宇多天皇は摂政・関白を置かず，学者の菅原道真を重用した。また，次の醍醐天皇も摂政・関白を置かず，延喜の荘園整理令を発布し，延喜格式を編纂するなど律令政治の復興に努めた。

しかし，藤原氏は親政の合間に摂政・関白を務め，その権勢は藤原道長・頼通父子の時に最大となった。全盛期には，朝廷の高い地位のほとんどを藤原氏が独占した。

蔵人頭
天皇の秘書。情報伝達の高速化をめざした。

検非違使
京の警察の役割を担当した。

摂政・関白
10世紀中頃から，天皇が幼い時には摂政，成人してからは関白が置かれるようになった。

藤原冬嗣
弘仁格式の編纂にも携わった。冬嗣の子孫はのちに「藤原北家」として絶大な権力を握り，摂関政治の中心となる。

藤原北家
冬嗣の子の藤原良房は他氏族の勢力を退け，858年に幼少の清和天皇が即位すると，皇族以外で初めて摂政となった。さらに，良房の地位を継いだ藤原基経が，884年に初めての関白に任命された。

外戚
母方の親戚。

院政

　1068 年即位した後三条天皇は, 藤原氏と外戚関係を持たなかったため, 自ら政治を行い, 延久の荘園整理令を出すなど財政の立て直しをはかった。

　次の白河天皇は退位して上皇になった後も, 上皇の御所である院で政治を行った。これを院政といい, 法律や慣例に縛られない政治を行った。また, 多数の荘園を持つ大寺院は, 僧兵を使って要求を押し通そうとするようになった。これに白河上皇は平氏や源氏などの武士を使って対抗し, 次第に武士が力を強めることとなった。

院とは院庁という建物のこと。そこで政務を行った人物のことも院と呼ぶ。

 **武士の台頭**

　10 世紀, 地方では豪族などが開墾した土地を守るために武装化し, 各地で紛争が発生していた。朝廷は, 下級貴族を地方の治安維持に当たらせたが, 彼らは豪族たちと婚姻や主従関係などを結び, やがて武士団を形成した。朝廷は反乱を鎮圧するために, 地方の武士団の力を借りるようになった。

武士が活躍した主な戦い

戦乱	勝者	敗者
承平・天慶の乱	地方武士	平将門・藤原純友
平忠常の乱	源頼信	平忠常

承平・天慶の乱
関東で起こった平将門の乱, 西日本で起こった藤原純友の乱をさす。初の武士による大規模な反乱であり, ほぼ同時期に起きた。平将門の乱は平貞盛と藤原秀郷, 藤原純友の乱は清和天皇の孫である源経基と小野好古によって鎮圧された。

戦乱	勝者	敗者
前九年合戦	源頼義 源義家	陸奥の安倍氏
後三年合戦	源義家 藤原清衡	東北の清原氏

なかでも，国司を歴任した源頼信は，平忠常の乱を鎮圧して東国の武士団との間に主従関係を結び，清和源氏が東国に勢力を広げる基礎を築いた。のちの11世紀後半，東北地方で起こった前九年合戦・後三年合戦を鎮圧したのが源頼義・義家父子であり，この戦いを通じて関東の武士団の多くは源氏と主従関係を結んだ。

伊勢・伊賀を基盤とした桓武平氏は院の信任を得て，出雲で反乱を起こした源氏を鎮圧し，西国で勢いを伸ばしていった。

1156年，皇位継承を巡って後白河天皇と崇徳上皇が対立し，藤原氏や源氏，平氏も一族同士で敵味方に分かれ，武力衝突に発展した（保元の乱）。

勝利した後白河天皇は退位して院政を始めたが，不満を持つ源義朝らが1159年挙兵し，平清盛の軍に敗れた（平治の乱）。この二つの乱により，武士の存在感はさらに高まった。

二つの乱に勝利した平清盛は政治の実権を握り，1167年には太政大臣となった。その後，娘を天皇の妃とし，一族で高位高官を独占した。

武士団

内乱の鎮圧など治安維持のために派遣される押領使・追捕使に貴族を登用し，そのまま現地に残って武士となる者が現れた。彼らを中心に武士団が形成された。

清和源氏

清和天皇を祖とする源氏は，摂関家と結びついて武官としての地位を固めたが，関東地方や東北地方の戦乱の鎮圧を通じ，東国で勢力を強めた。

桓武平氏

桓武天皇を祖とする平氏は早くから関東地方に土着し，各地に勢力圏を広げた。しかし，平将門の乱，平忠常の乱の後，関東の平氏の勢力は衰えた。

保元の乱

	勝者	敗者
天皇家	後白河天皇	崇徳上皇
摂関家	藤原忠通	藤原頼長
武士	平清盛・源義朝	平忠正・源為義

3 古代の文化

　古代の文化は，仏教の影響を強く受けている。各時代ごとの特徴を見てみよう。

各時代の文化と特徴

文化	仏教	美術・文学
飛鳥	日本初の仏教文化 法隆寺・中宮寺	法隆寺金堂釈迦三尊像 広隆寺弥勒菩薩像
白鳳	国家仏教を興隆 薬師寺	法隆寺金堂壁画 高松塚古墳壁画
天平	国家仏教が全盛 東大寺・唐招提寺	『古事記』『日本書紀』 『万葉集』
弘仁貞観	密教が流入 室生寺	曼荼羅 不動明王像
国風	浄土教の流行	平等院鳳凰堂 かな文字の発達
院政期	浄土教の地方布教	中尊寺金色堂

　厩戸王らが活躍した6世紀末～7世紀前半には，都のあった飛鳥地方を中心に，飛鳥文化と呼ばれる仏教文化が栄えた。多くの仏教寺院が建て

平氏の財政基盤

平清盛は摂関家の荘園の管理権を手に入れるとともに，一族で多くの知行国を支配した。さらに，瀬戸内海航路と兵庫の港を整備し，中国の宋と盛んに貿易を行い，巨大な富を手にした。

飛鳥文化の特徴

飛鳥文化は，百済・高句麗など朝鮮半島の影響だけでなく，南北朝時代の中国・ペルシアなどの西アジアやギリシアの文化の影響も見られる。

法隆寺

現存する世界最古の木造建築物。

東大寺

正倉院（しょうそういん）の宝物庫には，聖武天皇の遺品が納められている。

唐招提寺

鑑真（がんじん）は唐の高僧で盲目になりながらも来日し，律宗を伝え，唐招提寺を開いた。

られ，朝鮮半島や中国，当時の西アジアやインド，ギリシアともつながる特徴を持つ。

　天武天皇らが活躍した7世紀後半には，白鳳文化と呼ばれる活気ある若々しい文化が生まれた。

　続く，天平文化は遣唐使や留学僧により，唐の文化が日本に流入し，平城京を中心に仏教や唐の文化の影響を受けた国際色豊かな文化である。奈良時代末には約4500首の和歌を集めた日本最古の歌集『万葉集』が編纂された。

　平安時代の初めになると，貴族たちの間で密教が重んじられるようになった。

密教

宗派	開祖	総本山
天台宗	最澄（さいちょう）	比叡山延暦寺（ひえいざんえんりゃくじ）
真言宗	空海（くうかい）	高野山金剛峯寺（こうやさんこんごうぶじ）

　遣唐使の停止のころから，唐の文化を取り入れながら，日本の風土や生活に合った国風文化と呼ばれる文化が発達した。仏教では，阿弥陀如来を信仰して念仏を唱えれば，死後に極楽浄土に生まれ変われると説く浄土教がおこった。この仏教は広く流行し，藤原頼通が平等院鳳凰堂を建てた。また，かな文字ができ，『古今和歌集』など多くの文学作品が書かれた。

　院政期になると，浄土教は全国に広がった。奥州藤原氏の建てた平泉の中尊寺金色堂など，地方豪族の造った阿弥陀堂が各地に残されている。

密教とは仏教の宗派のことで，現世利益を求めました。

遣唐使の停止
唐の勢いが低下したことなどから，菅原道真が停止を訴え，認められた。

かな文字
漢字のへんやつくりから生まれたのがカタカナで，漢字をくずした草書からできたのがひらがな。

奥州藤原氏
平泉で独自の文化を築いて栄えていた豪族。のちに源頼朝に攻め滅ぼされた。

TRY! 過去問にチャレンジ

No.1 わが国の古代国家の形成に関する記述として，妥当なのはどれか。　【特別区】

1　推古天皇の摂政となった聖徳太子は，八色の姓を定め，個人の功績や才能に応じて位を与えるとともに，憲法十七条を定め，仏教や儒教の教えを取り入れて，朝廷に仕える豪族に対し，官吏として守るべき道を示した。

2　中大兄皇子や中臣鎌足らは，701年大宝律令を制定し，太政官のもとで八省が政務を分担し，司法制度としては，刑罰に五刑が定められた。

3　天武天皇は，農民の浮浪・逃亡の増加，貴族・寺院の土地占有や人口増加に伴う田地不足に対応して，722年に百万町歩開墾計画を立てるとともに，翌年には墾田永年私財法を施行して，開墾を奨励した。

4　刑部親王や藤原不比等らは，蘇我蝦夷・入鹿父子を滅ぼし，班田収授の制度や評という地方行政組織を設置するなどの大化の改新を行った。

5　桓武天皇は，794年平安京に遷都し，辺境以外の軍団と兵士を廃止して，弓馬に巧みな郡司の子弟などを健児として国府の警備に当たらせるとともに，勘解由使を置いて国司の交代を厳しく監督した。

No.2 平安時代の文化に関する記述として最も妥当なのはどれか。
【国家一般職／税務／社会人】

1　密教の広がりにより，鞍作止利によって法隆寺金堂釈迦三尊像などが作られ，また，運慶や快慶が優れた仏教作品を残した。

2　日本風の大和絵に代わり，唐絵が現れ，『鳥獣戯画』，『源氏物語絵巻』，『風神雷神図』などの絵巻物や屏風絵が作られた。

3　仮名文字の発明により，和歌や物語が発展し，和歌では，最初の勅撰和歌集である古今和歌集が紀貫之らによって編集された。

4　貴族のための書院造に代わり，武士の台頭に伴い寝殿造が発展し，その手法と配置を取り入れた平等院鳳凰堂が平清盛によって建てられた。

5　平安時代後期になると，桓武天皇の援助で最澄，空海が唐に渡り，帰国後，それぞれ天台宗，浄土真宗を開き，後の日本仏教に影響を与えた。

正答と解説

No.1 の解説

1✕　八色の姓が誤り。聖徳太子が定めたのは冠位十二階。

2✕　大宝律令は刑部親王・藤原不比等らが編纂した。

3✕　百万町歩の開墾計画は長屋王政権。翌年に出されたのは三世一身の法。

4✕　大化の改新を進めたのは，中大兄皇子や中臣鎌足。

5◯　桓武天皇は坂上田村麻呂に蝦夷討伐を行わせた。

No.2 の解説

1✕　鞍作止利の法隆寺金堂釈迦三尊像は飛鳥時代の作品。運慶・快慶は鎌倉時代前期の仏師で，東大寺南大門の金剛力士像が有名。

2✕　唐絵に代わって大和絵が現れた。『鳥獣戯画』，『源氏物語絵巻』は大和絵，『風神雷神図』は江戸時代の屏風絵。

3◯　紀貫之は『土佐日記』を仮名文字で記した。

4✕　書院造は武家住宅で，平安時代の貴族の住宅建築が寝殿造。平等院鳳凰堂は藤原頼通の宇治の別荘を寺院としたもの。

5✕　最澄・空海は平安時代初期（804 年）に唐に渡った。空海が開いたのは真言宗。

★★

テーマ

02

中世

・将軍と権力者の推移を押さえよう。
・役所や役職の違いや内容・役割を覚えよう。

---

1 鎌倉幕府の成立

　源頼朝が鎌倉幕府を開いて滅亡するまでを鎌倉時代という。鎌倉幕府が取り入れた封建制度とはどのようなものだったのか見ていこう。

平家の滅亡

　実権を握った平清盛は，後白河法皇を幽閉し，孫の安徳天皇の即位を強行した。以仁王はこれを認めず，1180年，諸国の源氏に呼びかけて挙兵すると，これに応じて，源頼朝は伊豆で挙兵した。源頼朝は富士川の戦いで平家の大軍を破り，鎌倉を本拠として支配を固めた。

　源頼朝は，入京した源義仲を滅ぼし，弟の源義経らを派遣して平家の軍を破り，1185年，壇の浦の戦いでついに平家を滅亡させた。

鎌倉幕府のおこりと封建制度

　源頼朝は奥州藤原氏を滅ぼすと，1192年に征夷大将軍に任命され，名実ともに幕府を成立させ

以仁王
後白河法皇の皇子。

鎌倉幕府の成立
鎌倉時代の始まりをいつにするかには諸説がある。1185年に守護・地頭を置いた時期という説や，1192年に頼朝が征夷大将軍に任命された時期という説がある。

源義仲
木曽で挙兵した源義仲は，北陸方面で平氏軍を破り，1183年に京都を占領した。しかし後白河法皇や貴族の支持を得られず，1184年，源義経らの軍に滅ぼされた。

源義経
頼朝の弟。のちに対立し，頼朝は義経を捕らえるために，国ごとに守護を，荘園・公領ごとに地頭を置くことを朝廷に認めさせた。

た。中央機関として，侍所・政所・問注所を設置する。

　幕府を支えていたのは，将軍と主従関係を結んだ御家人である。頼朝は，御家人に先祖代々の土地の所有を保障したり，新たな土地を与えたりした（御恩）。この御恩に対し，御家人は軍役や警備などの任務を行った（奉公）。このように土地を仲立ちにした主従関係を封建制度といい，鎌倉幕府は日本で初めて封建制度によって成立した政権であった。

奉公
御家人は戦時には一族を率いて出陣し，平時には京都や鎌倉の警備を務めた。

2 執権政治から南北朝の動乱へ

執権政治

　源頼朝の死後，子の源頼家が将軍となったが，北条時政が廃して源実朝を3代将軍とし，時政が執権として政治の実権を握った。以降，執権の地位は北条氏に引き継がれ，一方，1219年，実朝は暗殺されて源氏の将軍は断絶した。

　この混乱に乗じて，後鳥羽上皇は朝廷に実権を取り戻そうと，1221年北条義時追討を掲げて挙兵した（承久の乱）。幕府は大軍を率いてこれを破り，後鳥羽上皇を隠岐に配流し，朝廷の監視と西国御家人の統制のため京都に六波羅探題を置いた。

　3代執権北条泰時は連署と評定衆を設置して，

実朝暗殺により源氏正統の将軍がいなくなったため，幕府は頼朝の遠縁に当たる摂関家出身の藤原頼経を後継者に迎えました。これを藤原将軍（摂家将軍）と呼びます。

承久の乱後，皇位継承や朝廷の人事に当たっては幕府の同意が必要となり，次第に幕府が朝廷を圧倒するようになったのだ。

有力御家人による合議制をとり入れた。さらに，御家人の土地紛争の裁判などを公正に行うための基準として御成敗式目（貞永式目）を定めた。

泰時の孫の北条時頼は新たに引付衆を任命し，御家人たちの所領に関する訴訟を担当させて，公正かつ迅速な裁判の確立に努めた。

鎌倉幕府の組織図

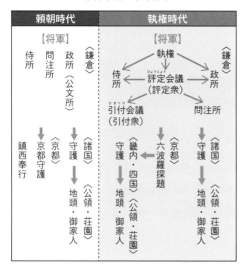

蒙古襲来

元（中国の王朝）の皇帝フビライは，高麗を通じて日本に朝貢を求めた。しかし，8代執権北条時宗はこれを拒否したため，戦いが起こった。

蒙古襲来

	内容
文永の役 （1274年）	元は約3万の兵で対馬・壱岐を占領し，博多湾に上陸。幕府軍は集団戦法や火薬の使用に苦戦した
弘安の役 （1281年）	元が約14万の大軍で北九州に襲来。幕府軍は石塁や警備を強化

　元軍は暴風雨によって撃退したが，戦った御家人たちは恩賞の土地をもらえず，幕府への不満を募らせていった。9代執権北条貞時は，御家人が質入れした土地をただで取り戻せる永仁の徳政令を出したが，効果はあまりなかった。

南北朝の動乱

　幕府の衰えを見た後醍醐天皇は，朝廷に政治の実権を取り戻そうとしたが，倒幕の計画が幕府にもれたため，隠岐に流された。しかし，幕府に不満を持つ新興の武士や御家人たちが抵抗を続け，ついに幕府軍の足利尊氏が反旗を翻し，六波羅探題を攻撃した。さらに関東の新田義貞が鎌倉を攻め，鎌倉幕府は滅んだ（1333年）。

　京都に戻った後醍醐天皇は，1334年に年号を建武と改め，天皇中心の新しい政治を始めた（建武の新政）。しかし，建武の新政は公家中心だったため，武士たちの不満が再び高まった。この高まりを背景に足利尊氏が挙兵し，京都に別の天皇

鎌倉時代は，親の所領を子どもたちで分割して相続したため，所領は次第に小さくなってしまい，御家人たちの生活は苦しくなっていました。

を立てると，京都を失った後醍醐天皇は吉野にのがれた。こうして京都の北朝と吉野の南朝が並び立ち，60年近く争乱が続いた。この時代を南北朝時代という。

3 室町幕府

　足利尊氏は幕府の方針として建武式目を制定し，その後，1338年に北朝の光明天皇により征夷大将軍に任命され，室町幕府を開いた。

 南北朝の合一

　南北朝の動乱の中で，幕府は全国の武士をまとめるために，守護の権限を拡大した。その中で，国内の地頭や新興の武士と主従関係を結び，国司に代わって国を領地として支配するようになった守護を守護大名という。室町幕府においては守護大名の力が強く，将軍の権力は不安定だった。

　しかし，ようやく動乱がおさまり，1392年には3代将軍足利義満の手により南北朝の合一が実現した。この時代に幕府の機構も整い，将軍の補佐役（管領）や，京都市中の警備を担当する侍所の長官である所司には有力な守護がついた。さらに，関東を支配するため鎌倉府が置かれ，足利氏の一門が鎌倉公方についた。

建武式目
建武式目は法律ではなく，室町幕府の基本方針。室町幕府でも御成敗式目が基本法として使われた。

　3代将軍足利義満が京都の室町に花の御所と呼ばれる邸宅を建て，そこで政治をしたことから，足利氏の幕府を室町幕府というよ。

守護
鎌倉時代に国ごとに置かれ，謀反人を捕らえるなどの警察権を与えられていた。室町時代の守護は武士を従えるために年貢の一部を徴収するなど権利が大きく拡大された。

管領
管領には細川・畠山・斯波（しば）の三氏，所司には京極・山名・赤松・一色の四氏が選ばれた。

倭寇・日明貿易

　明（中国）や朝鮮は，沿岸を襲う日本人の武装集団を倭寇と呼んで恐れ，倭寇の取締まりを室町幕府や西日本の大名に求めた。

　義満は求めに応じて倭寇を禁じ，1404年，日明貿易を開始した。貿易船（遣明船）は，倭寇と区別するため，明政府の発行する勘合という証明書を携行したので，この貿易を勘合貿易ともいう。

勘合貿易の主な取扱品

輸出品	刀剣などの武器，漆器，硫黄など
輸入品	銅銭，生糸，陶磁器など

応仁の乱

　8代将軍足利義政の時代は土一揆が頻発し，徳政令がたびたび出されるなど将軍の権威は低下した。義政は弟の義視を次の将軍に決めていた。しかし妻の日野富子に子（義尚）が生まれると，富子は有力な守護大名山名持豊を頼り，義尚を後継将軍にしようとした。これに対抗し，弟の義視は同じく守護大名の細川勝元を頼ったことから，将軍の後継者争いに守護大名たちの家督争い，勢力争いが結びついて戦乱に発展した（応仁の乱）。応仁の乱は京都を戦場に11年間続いた。

明
中国は長い間，モンゴル人の王朝である元の支配を受けていたが，14世紀の後半，漢民族の中から朱元璋が出てモンゴル人を北に追いやり，明を建てた。

　勘合は近年の研究で，さまざまな断片的史料を突き合わせた結果，従来考えられてきたもの以上に大きいものであることが判明しました。

徳政令
幕府などが債権者や金融業者に借金の帳消しを命じること。

応仁の乱

	東軍	西軍
将軍候補	足利義視（弟）	足利義尚（子）
実力者	細川勝元	山名持豊（宗全）

　長期の戦いで幕府の権威を失った一方，地方では武士や庶民が力を持ち始めた。身分が下の者が実力で上の者を倒す下剋上の風潮が強まり，実力で一国の支配者となる戦国大名が現れ始めた。

4 鎌倉・室町時代の文化

新仏教

　戦乱・飢饉の社会不安が続く中，鎌倉時代は，新仏教と呼ばれる仏教が人々の間に広まっていった。新仏教は，権力や財力を持つようになった天台宗や真言宗などの旧仏教の腐敗を批判し，個人の救済に重点を置き，理解しやすい教えだったため，民衆に広く受け入れられた。

新仏教の宗派

開祖	宗派	教え
法然 ほうねん	浄土宗 じょうど	念仏を唱えれば誰でも極楽往生をとげられる（専修仏）。『選択本願念仏集』，知恩院
親鸞 しんらん	浄土真宗 しん	悪人こそが阿弥陀仏の救済対象（悪人正機）。『教行信証』，本願寺
一遍 いっぺん	時宗 じ	踊念仏。『一遍上人語録』，清浄光寺
栄西 えいさい	臨済宗 りんざい	与えられた公案を解く（公案禅）。『興禅護国論』，建仁寺
道元 どうげん	曹洞宗 そうとう	只管打坐。『正法眼蔵』，永平寺
日蓮 にちれん	日蓮宗	法華経の題目を唱える。『立正安国論』，久遠寺

念仏

極楽往生を願い，仏の姿を心に念じ，仏の名を口にすること。特に阿弥陀仏を念じ，「南無阿弥陀仏」を口に唱えること。

題目

日蓮宗で唱える「南無妙法蓮華経」の「七字の題目」。題目を唱えることを唱題という。

只管打坐

ひたすら座禅することで悟りを開くこと。

鎌倉・室町時代の文化

　鎌倉時代は地方武士の質実な気風と，宋や元の文化が取り入れられた鎌倉文化が発展した。宋の様式を取り入れた東大寺南大門や，運慶らの金剛力士像などが作られたほか，文学の世界では，『新古今和歌集』，平家の栄華と滅亡を描いた『平家物語』が琵琶法師によって民衆の間に語り広められた。

『新古今和歌集』

1205 年，後鳥羽上皇の命によって藤原定家（さだいえ）・家隆（いえたか）らが編集した第 8 番目の勅撰和歌集。

鎌倉・室町時代の代表的な美術と文学

文化	芸術	文学
鎌倉文化	東大寺南大門 金剛力士像	『新古今和歌集』 『平家物語』
北山文化	金閣・水墨画 能楽	五山文学
東山文化	銀閣・枯山水 水墨画	正風連歌 俳諧連歌

室町時代は武家と公家の文化の融合が進んだ。

室町前期の文化を北山文化ともいい，3代足利義満が京都の北山に金閣を建てたことに由来する。北山文化を代表する能は，民衆の間で行われていた田楽や猿楽をもとに，観阿弥・世阿弥親子が舞踊劇として完成させた。

室町後期の文化は東山文化ともいい，8代足利義政が京都の東山に銀閣を建てたことに由来する。禅の精神を基調としており，銀閣には書院造と呼ばれる建築様式が取り入れられた。また，禅宗の寺院では庭園が発達し，なかでも枯山水は石と砂だけで大自然を表現した。

芸術では，雪舟によって日本の水墨画が大成された。文学では，御伽草子が庶民や武士の間で親しまれたほか，和歌の上の句と下の句を別の人が次々よみ続ける連歌が流行した。また，この時代花道や茶道の基礎も作られた。

水墨画
墨一色で自然や人を描き，禅の精神を具体化した。五山の僧によって日本の水墨画の基礎が築かれ，雪舟が大成した。

金閣
足利義満が 1397 年京都北山殿（山荘）に営んだ 3 層の楼閣で，舎利殿として建てられた。北山殿は義満死後に鹿苑（ろくおん）寺となった。

銀閣
足利義政が 1489 年東山山荘に建てた 2 層の楼閣。山荘は義政死後，慈照（じしょう）寺となった。

書院造
ふすまを使った間仕切り，床の間，畳敷きなど，現在の和風建築の基礎となった。

枯山水
京都の龍安寺石庭が有名。

御伽草子
絵入りの物語。一寸法師や浦島太郎など。

TRY! 過去問にチャレンジ

No.1 鎌倉から室町時代の政治に関する記述として最も妥当なのはどれか。 【国家一般職／税務／社会人】

1 北条泰時は，元のチンギス＝ハンから服属するようたびたび求められたが，これを拒絶したため，日本は２度に渡り元軍の襲来を受けた。

2 北朝の後醍醐天皇は，平安時代の白河上皇の院政にならい，即位後すぐに退位して上皇となり，建武の新政と呼ばれる院政を行った。

3 足利尊氏は，南北朝を統一して幕府を開き，源頼朝以来の先例に基づいて武家法典である御成敗式目を制定した。

4 足利義満は，将軍職を辞した後も実権をふるい，有力守護の大内義弘を討つなど，幕府の対抗勢力の排除に努めた。

5 細川勝元は，管領として権勢をふるい足利義教と対立した。この対立は応仁の乱に発展したが，山内氏清の仲介により，戦乱は約３年で終結した。

正答と解説

No.1 の解説

1✕ 北条泰時ではなく**北条時宗**，また，服属を求めたのはチンギス＝ハンではなく**フビライ**である。

2✕ 後醍醐天皇は**南朝**の始祖であり，院政ではなく**親政**を行った。

3✕ 南北朝を統一したのは３代将軍の**足利義満**。御成敗式目を制定したのは**北条泰時**である。

4〇 将軍職を辞した足利義満は北山殿に移り**太政大臣**となった。

5✕ 細川勝元は，８代将軍足利義政のもとで管領を務めた守護大名である。

★★★

テーマ

03 近世

・信長・秀吉の統一過程を押さえよう。
・三大改革と田沼時代の内容を理解しよう。
・元禄文化と化政文化は作品名と作者名をセットで覚えよう。

---

1 戦国時代と織豊政権

織田信長の統一過程

　尾張の戦国大名織田信長は，駿河の戦国大名今川義元を桶狭間で破り，その勢いのまま足利義昭を支えて京都にのぼった。信長は朝廷に働きかけ，義昭を 15 代将軍に就任させたが，やがて義昭と敵対し，京都から追放して室町幕府を滅亡させた（1573 年）。信長は，長篠の戦いで鉄砲を用いた戦術をとり，甲斐の戦国大名武田勝頼を破るなど，天下統一まであと一歩と迫ったが，1582 年に家臣の明智光秀に襲撃されて自害した（本能寺の変）。

織田信長の政策

宗教政策：比叡山延暦寺や一向一揆など，反対勢力に武力で対抗した。その一方でキリスト教に対しては寛容な態度をとった。

経済政策：関所を撤廃。楽市・楽座を設け，経済の発展を促した。

戦国大名
下剋上の風潮が広まり，守護大名の地位をうばって実権を握る者が各地で現れた。戦国大名は領国の武士をまとめたり，独自の分国法を定めて，新しい政治を行った。

足利義昭
13 代将軍の弟。実権を失って各地を転々としていた。

鉄砲
1543 年に種子（たねが）島に流れ着いたポルトガル人によって伝えられる。

楽市・楽座
さまざまな税を免除し，ほかの地域から来た人たちでも自由に商売ができるようにした制度。

豊臣秀吉の統一過程

　信長の家臣豊臣秀吉は，山崎の合戦でいちはやく明智光秀を討ち，信長の後継者の地位を固めた。1585年，秀吉は朝廷に任命されて関白となり，天皇の代理人として惣無事令（戦いの停止命令）を出し，従わない大名は武力で制圧した。1590年，関東の北条氏を滅亡させ，奥羽の伊達氏も降伏したことで，全国統一は完了した。

　信長と秀吉の時代を合わせて，安土桃山時代という。

豊臣秀吉の政策

太閤検地：全国規模の統一基準で行った検地。検地では，土地の等級・面積・石高・耕作農民の名などが記録され，石高を年貢徴収の基準とした。

刀狩令：農村にあった刀・やりなどの武器を没収し，武士と農民の区別を明確にした。

身分統制令：武士と農民・町人の身分を固定化した。

　国内を統一した秀吉は，中国（明）を征服しようと朝鮮半島に出兵した。しかし，秀吉の病死をきっかけに日本軍は撤退した。

太閤
子に関白を譲った人のこと。

石高
田畑の標準的な収穫高を表すもの。

2　キリスト教の禁止と外交の制限

1549 年，イエズス会の宣教師ザビエルが鹿児島へ上陸し，大名の保護のもと，キリスト教を布教した。

長崎では南蛮貿易が行われた。貿易から得られる利益や西洋文明への好奇心，領内の仏教勢力に対抗するためなどの理由からキリスト教を保護し，自ら信者となるキリシタン大名も現れた。彼らは，1582 年天正遣欧使節と呼ばれる少年の使節団をローマ教皇のもとに派遣した。

南蛮貿易の主な取扱品（平戸・長崎）

輸出品	銀
輸入品	生糸，絹織物，火薬など

秀吉も，はじめキリスト教の布教を認めていたが，九州平定の際にキリシタン大名が長崎をイエズス会に寄進していることを知り，宣教師の国外追放を命じた（バテレン追放令）。しかし，南蛮貿易は奨励され，一部の宣教師が日本で布教を続けたため，キリスト教徒は増えていった。

3　江戸幕府の成立

秀吉の死後，徳川家康と石田三成の対立が表面化した。1600 年，両者は東軍（家康側）と西軍（三成側）とに分かれて戦い，東軍が勝利した（関ケ

イエズス会

当時，西ヨーロッパではキリスト教がカトリックとプロテスタントに分かれ対立していた。カトリックであるイエズス会はアジアでの布教に力を入れていた。

天正遣欧使節

イエズス会宣教師ヴァリニャーニのすすめにより，布教の成果を示すために，大村純忠（すみただ）・有馬晴信（ありまはるのぶ）・大友義鎮（よししげ）の 3 大名がローマ教皇に送った使節。伊東マンショ，千々石（ちぢわ）ミゲル，中浦ジュリアン，原マルチノの 4 人が派遣された。

徳川家康

三河（みかわ）の大名の子。秀吉の天下統一に協力した。

石田三成

秀吉の家臣。長く秀吉を支えた。

原の戦い）。朝廷は，家康を征夷大将軍に任命し，家康は江戸に幕府を開いた（1603 年）。

 ### 江戸幕府の仕組み

将軍から 1 万石以上の領地を与えられた武士を大名といい，大名が支配する領地と支配の仕組みを藩という。

政治は将軍が任命した老中が行い，若年寄が老中を補佐した。そのほか，寺社の取締まりには寺社奉行，朝廷の監視には京都所司代など，多くの役職を置いた。

徳川家康と子の 2 代将軍秀忠は，大坂の役で豊臣秀吉の子の秀頼を滅ぼすと，大名を厳しく統制する法律を制定した。続く 3 代将軍家光も参勤交代を制度化するなど，将軍と大名の主従関係を固めていった。

江戸幕府初期の政策

・武家諸法度…大名を統制することが目的。無許可での城の改修や縁組みなどを禁止。

・参勤交代…大名は 1 年おきに江戸と領地を往復する。

・京都所司代の設置…朝廷を監視。

・禁中並公家諸法度…天皇や公家の行動を制限。

禁中並公家諸法度
天皇と公家の行動を細かく規制し，政治的権限をうばった。朝廷の監視には京都所司代が当たった。

江戸幕府の貿易と禁教政策

　家康は，主に東南アジア諸国との貿易の発展に努めた。貿易船に朱印状を発行して活動させたため，この貿易を朱印船貿易という。日本の商人も移住し，東南アジア各地に日本町ができた。

朱印船貿易の主な取扱品（京都・堺・長崎など）

輸出品	銀・金・刀・工芸品
輸入品	中国産の生糸・絹織物・染料・象牙など

　家康は当初，貿易の利益を優先し，キリスト教の布教を黙認した。しかし，キリスト教の教えが幕府の考えに反していたため，幕領（幕府の直轄領）での布教を禁止した。また，ヨーロッパ船の来航も長崎・平戸に制限し，3代家光の時代には日本人の渡航を禁止し，朱印船貿易も停止した。

　1637年，キリスト教徒への迫害と領主の厳しい収奪に苦しんだ島原・天草地方の農民が一揆を起こした（島原・天草一揆）。幕府はキリスト教徒への締め付けを一層厳しくし，国内のキリスト教徒を見つけるため絵踏などを行った。

　幕府はオランダ商館を平戸から長崎の出島に移すなど，徐々に窓口を絞っていき，中国とオランダだけが長崎で貿易が行うことを認められる状態となった。

日本町

アユタヤ（タイ）の日本町の指導者となった山田長政（ながまさ）は，のちにアユタヤ朝の役人となった。

幕領

幕府の直轄領のこと。御料所，天領ともいう。長崎，大坂などのほか，佐渡金山などの鉱山も幕領となった。

家康は，豊後に漂着したオランダ商船リーフデ号の乗組員のオランダ人ヤン＝ヨーステンとイギリス人ウィリアム＝アダムスを外交顧問としました。オランダとイギリスは，キリスト教の布教と貿易活動を分離していたため，幕府は両国との貿易を歓迎しました。

島原・天草一揆

一揆の大将は天草四郎（益田時貞）という少年だった。

オランダ

オランダ人には外国情勢を記した「オランダ風説書」の提出を求めた。

身分制度と諸産業の発達

　安土桃山時代に定まった身分制度は，江戸時代に固定化された。全人口の約85％を占めたのは百姓で，米や農作物を作って生活し，有力な本百姓が名主（庄屋）となって村を運営した。藩は百姓を管理するために五人組という制度を作らせ，犯罪などに対して連帯責任を負わせた。

　百姓たちは，さまざまな工夫をして新田を開発し，備中ぐわ・千歯こきなどの農具を進歩させた。そのため，江戸時代には農業が飛躍的に発展し，全国的に生産力が高まった。

　幕府は，江戸と各地を結ぶ主要な道路（五街道）を整備した。街道沿いに宿場を置き，重要な土地には関所を設けた。人々の往来は盛んになり，港町・宿場町・門前町が栄えた。海運業では，大坂と江戸の間を菱垣廻船や樽廻船が往復，また，東北方面には西廻り航路・東廻り航路が開かれ，全国的な海上交通網が整った。

4 幕政の改革

　江戸時代の後半になると飢饉がたびたび起こり，幕府は財政難に陥った。この危機に対して，どのような政策がとられたかを見てみよう。

「鎖国」がしかれていましたが実際は対馬藩を通じて朝鮮通信使が日本に派遣されたり，琉球王国や蝦夷地に住むアイヌ民族と，藩による交易が行われていました。

百姓
検地帳に記載された年貢を負担する本百姓と，その下で耕作にあたる耕地をもたない水呑み百姓らがいた。

徳川吉宗の政治

　紀伊藩主から8代将軍となった徳川吉宗は，質素倹約を命じ，上げ米の制を定め，米の値段を安定させるために新田開発を促進させた。また，目安箱の設置や裁判の基準となる公事方御定書を定めた。飢饉にそなえて，甘藷（サツマイモ）栽培も奨励した。これらの改革を享保の改革という。

田沼意次の政治

　10代将軍家治の時代，側用人から初めて老中となった田沼意次が，商人の経済力を利用して財政の立て直しをはかった。商工業者の株仲間の結成を認めて営業の独占を保証する代わりに，営業税を納めさせた。

　この頃，天明の飢饉や浅間山の大噴火が起こり，一揆や打ちこわしが頻発した。田沼に対する大名たちの反発は強く，また地位や利権を求めて賄賂が横行したため，批判が高まり，田沼は退任した。

松平定信の政治

　大規模な打ちこわしが起こる中，11代将軍家斉の補佐として老中となった松平定信は，享保の改革にならい寛政の改革を行った。農村の復興と倹約による財政の再建をめざし，江戸に流れ込んでいた農民を農村に帰らせ，飢饉対策のため囲米

上げ米の制
参勤交代の負担を軽減する代わりに米を納めさせる制度。

目安箱
吉宗は広く意見を求めるため，江戸城評定所の門前に目安箱を設けた。貧しい町民を救済するために設けられた小石川養生所も，この投書をもとにしたものである。

側用人
将軍の側近。

株仲間
幕府や藩に認められた，商工業者の同業組合。

田沼意次
商人の出資を得て，印旛（いんば）沼・手賀（てが）沼の干拓を計画したが，失敗に終わった。

松平定信
田安（たやす）家に生まれ，吉宗の孫に当たる。

を行った。また，武士の借金を帳消しにしたが，厳しい出版制限や政府批判の禁止などから民衆の反発を生み，6年で失脚した。

水野忠邦の政治

19世紀になると，ロシアやイギリスなどの外国船が日本にやってくるようになった。幕府は異国船打払令を出し，外国船を砲撃した。このような社会不安に加え，1830年代には天保の飢饉が起こり，一揆や打ちこわしが頻発した。

こうした中，幕府の信頼を取り戻すため，老中の水野忠邦が天保の改革を行った。倹約令を出して派手な風俗を取り締まり，また，物価を下げるため，株仲間を解散させ，江戸への出稼ぎを禁止し，出稼ぎに来ていた農民たちを故郷に帰した。さらに江戸・大坂周辺の土地を直轄地にしようと上知令を出したが，大名らの反対にあって失脚した。

5 開国と幕末の動乱

改革は幕府だけでなく，各藩でも行われた。特に，藩政改革の中で経済力をつけ，軍備を整えた薩摩藩や肥前藩，長州藩などは雄藩と呼ばれ，政治的な発言力を強めていった。

囲米
各地に倉を造って，米穀をたくわえさせた。

天保の飢饉
米不足となった大坂では，元役人の大塩平八郎（おおしおへいはちろう）が奉行所の対応に怒り，商人を襲って米を貧民に分け与えようとした（大塩平八郎の乱）。

上知令
財政の安定，防衛の強化のために，江戸・大坂周辺の約50万石を幕府直轄地としようとした。

アメリカは，19世紀に入ると，中国と貿易する商船が寄港する港と，北太平洋での捕鯨船の燃料や水を補給する港を確保するため，日本の開国を求めた。

日米和親条約
下田に着任したハリスは，日本と貿易を行うため幕府と通商条約締結に向けた交渉をした。

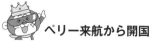

ペリー来航から開国

　1853年，アメリカのペリーは4隻の軍艦を率いて浦賀に来航し，幕府に開国を求める国書を提出した。幕府は開国に応じ，翌年に日米和親条約，1858年にはハリスと日米修好通商条約を締結した。

条約の内容

・日米和親条約：下田・箱館の開港。食料，薪，水などを供給する。
・日米修好通商条約：箱館・神奈川（横浜）・長崎・新潟・兵庫（神戸）の開港と自由な貿易を認める。

　幕府は，これと同じ内容の条約をオランダ・ロシア・イギリス・フランスとも結んだ（安政の五か国条約）。しかし，これらの条約は領事裁判権を認め，関税自主権がないなど，不平等なものであった。

　幕府が朝廷の許可なく通商条約を結んだことから，国内では尊王論や攘夷論が高まった。大老の井伊直弼は反対派の公家や大名，藩士を処罰した（安政の大獄）が，この弾圧は強い反発を招き，1860年，井伊直弼は桜田門外で暗殺された（桜田門外の変）。

薩摩藩
薩摩藩は，朝廷と幕府が協力して政治を行う必要があると考え，公武合体運動を進めていたが，イギリスとの戦争後，薩長連合を組んで反幕府の態度を固めた。

長州藩
尊王攘夷を藩論とし，幕府に攘夷を決行させた。しかし，外国船に下関の砲台を攻撃されて攘夷が難しいことが明らかになり，木戸孝允（きどたかよし）や高杉晋作（たかすぎしんさく）の働きによって倒幕論に転回した。

領事裁判権
日本で罪を犯した外国人が，日本ではなく，自国の領事の裁判を受けられる。

関税自主権
輸入品に自由に関税をかけることができる。

尊王論
天皇家を尊ぶという考え。

攘夷論
外国との通商を反対，また外国を撃退しようという考え。

倒幕への動き

　京都では，尊王攘夷運動の急進派として長州藩の動きが活発になった。長州藩を中心とする尊攘（尊王攘夷）派の動きに対して，薩摩・会津の両藩は長州藩勢力と急進派を京都から追放した（八月十八日の政変）。長州藩は勢力を回復するために，翌年，京都に攻めのぼったが，会津・薩摩などの諸藩の兵に敗れてしりぞいた（禁門の変）。

　その後，外国との戦いを経て攘夷が不可能なことを知った薩摩藩と長州藩は，土佐の坂本龍馬の仲介で薩長同盟を結んで倒幕をめざした。長州藩の木戸孝允や薩摩藩の大久保利通らは，外国に対抗できる強い国をつくるため，新政府を立ち上げようとしていた。

　15代将軍となった徳川慶喜は政権を朝廷に返上し（大政奉還），新政権で主導権を握ろうとしたが，新政府は朝廷に働きかけ，天皇を中心とする政治を宣言した（王政復古の大号令）。これを不満に思った旧幕府の勢力は，新政府との間で戊辰戦争を起こしたが，函館で降伏した。

6 近世の文化

　安土桃山時代と江戸時代に栄えた文化について，特徴を見ていこう。

安政の大獄
条約の調印は天皇の怒りを招き，尊王派，攘夷派から強い非難が起こった。井伊直弼は彼らを弾圧し，長州藩の吉田松陰(しょういん)らは死刑となった。

尊王攘夷運動
尊王論と攘夷論が結びついた尊王攘夷論は，開港問題が起こると倒幕論へと進んだ。

会津藩
1862年に会津藩主松平容保(かたもり)が京都守護職に任命され，京都に常駐していた。

王政復古の大号令
慶喜の官職や領地の一部返上を命じたことから，旧幕府軍は新政府と対立した。

桃山文化

織豊政権期に成り上がった大名や大商人を中心に栄え，豪華で壮大な文化である。

城には城主の権威を示す天守閣が造られ，書院造の室内は彫刻や豪華な絵で飾られた。ふすまや壁，屏風には，狩野永徳・狩野山楽や長谷川等伯などにより華やかな色彩を用いた絵が描かれた。

室町時代に始まった茶の湯が，大名や大商人の間で流行し，千利休が侘び茶という作法を完成させた。庶民芸能も発達し，出雲阿国がかぶき踊りを始めた。

元禄文化

江戸幕府5代将軍徳川綱吉の時代に，都市の繁栄を背景に，主に上方の町人を担い手として栄えた。

元禄文化

文学	浮世草子…井原西鶴が小説で武士や町人の姿を描く。『好色一代男』『世間胸算用』 人形浄瑠璃…近松門左衛門が義理と人情の世界に生きる男女の世界を描いた。『曽根崎心中』 俳諧…松尾芭蕉が連歌から独立した俳諧に，自己の内面を表現する新しい作風を打ち立てた。『奥の細道』
美術	装飾画…尾形光琳が大和絵の伝統を活かしながら，大胆な着想と構図による装飾画の技法を完成させた 浮世絵…菱川師宣が町人の風俗を題材に描いた。「見返り美人図」

千利休

堺の商人出身で秀吉に仕え，秘書のような役割もはたした。利休は小さな草庵で質素な道具を用いる侘び茶を好んだが，一方で秀吉は京都の北野で大茶会を開いたり，黄金の茶室を造ったりした。

学問	朱子学…幕府の御用学問として採用される。 陽明学…中江藤樹や熊沢蕃山が朱子学を批判した 古学派…山鹿素行や伊藤仁斎らが，孔子や孟子を研究した

 化政文化

　文化・文政年間に，江戸の町人を担い手とする「粋」と「通」を重んじる独自の文化が栄えた。寺社への参詣などで地方にも流行が広がった。また，寺子屋の増加により，初等教育が普及した。

化政文化

文学	洒落本…山東京伝が江戸の遊里を描き流行したが，寛政の改革で厳しく取り締まられた 滑稽本…十返舎一九が庶民の生活を生き生きと描いた。『東海道中膝栗毛』 読物…上田秋成『雨月物語』，滝沢馬琴『南総里見八犬伝』。文章主体の小説で，歴史や伝説を題材にした 俳諧…小林一茶が農村の生活を詠んだ
美術	浮世絵…鈴木晴信が錦絵と呼ばれる多色刷りの技法を創作。美人画の喜多川歌麿，役者絵の東洲斎写楽，風景画の葛飾北斎や歌川（安藤）広重らの絵が普及した
学問	国学…『古事記』などの歴史書の研究。賀茂真淵，本居宣長，平田篤胤 洋学（蘭学）…西洋の技術や知識の研究。前野良沢，杉田玄白『解体新書』

No.1 江戸時代の日本に関する記述として妥当なのはどれか。

【地方初級】

1 武士や百姓などの身分制度はあったものの，誰もが苗字を公式に名乗ることができ，居住地の移動も自由であった。

2 江戸時代には特定の宗教が禁止されることはなく，神道やキリスト教も仏教に準じて容認されていた。

3 鎖国後に日本に来航する外国船はオランダ船とスペイン船だけになり，貿易港は長崎だけとなった。

4 江戸時代には，農具や肥料の改良がほとんどなく，新田開発も進まなかったので，江戸時代を通じて米の生産量は増加しなかった。

5 幕府は街道や海上輸送路を整備するとともに，金貨・銀貨を鋳造して商品流通の発展を促進した。

No.2 大政奉還または戊辰戦争に関する記述として，妥当なものはどれか。

【特別区】

1 大政奉還は，徳川慶喜が，木戸孝允や高杉晋作らの長州藩の進言を受け入れて朝廷に政権の返上を申し出たものである。

2 大政奉還は，土佐藩が坂本龍馬と後藤象二郎の提案を受けて進め，前藩主である山内豊信が朝廷に建白書を提出したものである。

3 戊辰戦争において，薩長軍は京都に進軍し，鳥羽・伏見の戦いで旧幕府軍として戦った。

4 戊辰戦争において，会津藩などの東北と北越の諸藩は，奥羽越列藩同盟

を結成し，新政府に対抗したが，仙台藩は加盟しなかった。

5 戊辰戦争において，新政府軍は，箱館の五稜郭に立てこもった旧幕府軍の榎本武揚らを降伏させた。

正答と解説

No.1 の解説

1✕ 苗字（名字）を持つことは武士の特権だった。また，居住地の移動は厳しく制限されていたが，出稼ぎなどでの都市への移動は盛んだった。

2✕ 禁教令が出され，キリスト教は禁止されていた。

3✕ スペイン船ではなく中国船。長崎に唐人屋敷を設け居住地を制限した。

4✕ 千歯こきや備中ぐわなどの農具，ほしかや油かすなどの肥料が使われ，農業技術は飛躍的に高まり，生産量は増加した。

5○ 金貨は主に江戸で流通し，銀貨は主に大坂で流通した。

No.2 の解説

1✕ 長州藩ではなく，前土佐藩主の山内豊信の進言。長州藩は薩摩藩と軍事同盟を結び，倒幕を進めていた。

2✕ 徳川慶喜が旧土佐藩主の山内豊信の進言（坂本龍馬と後藤象二郎の提案）を受け入れて，朝廷に奉還の上表文を提出。天皇が勅許した。

3✕ 薩長軍ではなく旧幕府軍。薩長軍は朝敵となった旧幕府軍を撃破した。

4✕ 奥羽越列藩同盟は仙台藩・会津藩が主導した反新政府同盟。

5○ 五稜郭の戦いで旧幕府軍が降伏。戊辰戦争は終結した。

★★★

テーマ
04

近代・現代

・日清・日露・第一次世界大戦などの背景・内容・結果を押さえよう。
・恐慌の内容と対応など経済政策が頻出なので，セットで理解する。
・内閣の順番と，外交と内政の内容を確実に覚える。

1 明治政府の政策

　江戸幕府が倒れたあと，新政府は日本を近代化するためにさまざまな改革を行った（明治維新）。

　新政府は，五箇条の御誓文を発布して新しい政治方針を示した。また，江戸を東京と改称して首都とし，元号も明治に改めた。

　新政府の政治は，倒幕の中心勢力（薩摩・長州・土佐・肥前藩の出身者）が実権を持っていたため，藩閥政治と呼ばれる。

五箇条の御誓文
重要問題は会議を開いて決めること，世界から知識を学んで国の発展をはかることなどが示された。

明治政府の新政策

（1）廃藩置県

　1869年，政府は全国の藩主に領地と領民を天皇に返上させた（版籍奉還）。しかし，旧藩主がそのまま知藩事として領地を支配したため，中央政府の支配は進まなかった。

　そこで，すべての藩を廃止して地方制度を府・県に統一し，県令（のちに県知事）・府知事を中央から派遣した（廃藩置県）。これにより，封建制度が解体され，全国を政府の直接支配のもとに

版籍
版は土地，籍は民のこと。

置く中央集権国家が実現した。

（2）身分制度の廃止

明治政府は近代化をめざすうえで，身分制度を廃止した。皇族以外はすべて平等とする四民平等を唱え，公家や大名を華族，武士を士族，農民や職人・商人を平民とした。

富国強兵

新政府は，日本を経済的に豊かな国にして軍隊の増強をはかる（富国強兵）ため，学制，兵制，税制の改革を行った。

三大改革

・**学制**…6歳以上のすべての男女が小学校で学べるようにした。

・**兵制**…1873年，政府は統一的な軍隊を作るため徴兵令を発布し，20歳以上の男子は，身分にかかわらず兵役を義務づけた（免除規定があり，実際に国民皆兵が実現したのは1889年）。

・**税制**…地租改正を実施し，土地の所有と地価を定め，税率の基準を地価の3％とし，現物納から現金に変更した（のちに税率を引下げ）。

身分制度の廃止により平民も華族や士族との結婚が認められ，名字を名のることも許されました。また，居住・職業選択の自由を認め，人身売買も禁止されました。華族や維新の功臣には爵位が与えられ，華族令により特権的身分が保障されました。

富国強兵
経済を発展させるために，鉄道・郵便制度の整備のほか，輸出の主力品である生糸の生産拡大に力を入れ，1872年に官営の富岡（とみおか）製糸場を造った。

学制
高等教育のための学校も設立した。また留学生の派遣も活発だった。

地租
米の価格は常に変動し，政府の財政が安定しなかったため地租改正を行った。地租は，江戸時代の年貢総額と同額になるように定められたが，反対一揆が起こり，税率を引き下げた。

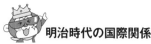

明治時代の国際関係

　日本は幕末に欧米諸国と結んだ不平等条約を早く改正しようと，欧米に岩倉使節団を派遣したが，成果はなくほぼ失敗に終わった。しかし，欧米の政治や産業を視察し，のちの日本の近代化の参考とした。

　一方，清（中国）とは日清修好条規を結んだ。政府は朝鮮にも国交樹立を求めたが，交渉に応じなかったため，武力で開国を迫る征韓論が西郷隆盛や板垣退助を中心に高まった。しかし，大久保利通らが反対したことから政府は分裂し，板垣や西郷は政府を去った（明治六年の政変）。

　政府はのちに江華島事件を口実に，朝鮮と日朝修好条規を結び，朝鮮を開国させた。

　また，ロシアとの間には1875年に樺太・千島交換条約を結び，両国の国境を確定させた。

2 自由民権運動と憲法の制定

　明治六年の政変後，大久保利通が政府の実権を握った。不満を持つ士族たちは各地で反乱を起こすが，政府の軍に鎮圧され，以後は，武力ではなく，言論で訴えるようになっていった。

自由民権運動

　板垣らは「特定の藩の出身の上級役人だけで政

岩倉使節団
岩倉具視（ともみ），木戸孝允，大久保利通，伊藤博文のほか，津田梅子（つだうめこ）などの留学生もいた。

西郷隆盛
政府を追われた西郷は，政府に対する不満の高まりを受け，鹿児島で蜂起して西南戦争を起こしたが政府に鎮圧された。

板垣退助
1874年，故郷の高知で立志社をおこす。翌年，立志社（りっししゃ）を中心に，民権派の全国組織化をめざして愛国社を設立した。

大久保利通
西郷隆盛と協力して薩摩藩の政治を倒幕に動かした。岩倉使節団の一員として欧米を視察し，国内の近代化を優先すべきと考え，征韓論に反対した。

江華島事件
軍艦を派遣して，朝鮮を挑発したことから戦闘に発展した。

日朝修好条規
日本の領事裁判権や関税免除を認めるなどの不平等な内容だった。

治を行っている」と政府を批判し，早期に国会を開設することを求める民撰議院設立の建白書を政府に提出した。

国民が政治に参加する権利を求める自由民権運動が各地で広まり，政府側も立憲制に移行することを決めて漸次立憲政体樹立の詔を出すが，一方で条例を制定して政府批判を取り締まった。

大久保が暗殺されると，今度は国会や憲法の内容を巡って，政府の中心人物である大隈重信と伊藤博文が対立する。1881 年の開拓使官有物払下げ事件で民権派の政府批判がさらに高まると，政府は大隈を追放して国会開設の勅諭を出し，10 年後の 1890 年に国会を開くことを約束した。

国会開設に備えて，自由民権運動は政党の結成へと進んだ。

主な政党

政党	内容
自由党	中心は板垣退助。国会期成同盟が母体。フランス流急進的な自由主義。士族・豪農・地主が支持
立憲改進党	中心は大隈重信。イギリス流の議院内閣制。都市の資本家が支持

立憲制国家へ

1885 年，伊藤博文は内閣制度を作り，明治天皇から初代内閣総理大臣に任命された。1889 年

漸次立憲政体樹立の詔
国会の開設を近いうちに行うという方針。自由民権論の高まりを受けて，準備のために元老院や大審院（だいしんいん）などの設置を決定した。

開拓使官有物払下げ事件
薩摩出身の黒田清隆が，同じ薩摩出身の商人に北海道にある政府の施設や財産を，不当に安い価格で売り渡そうとした事件。政府は払下げを中止して世論の収拾をはかった。

大隈重信
政府は，国会の早期開設を主張していた大隈が民権派と手を結んで批判をあおったと考えて，政府から追放した（明治十四年の政変）。のちに立憲改進党を作り，1914 年に総理大臣に就く。

国会期成同盟
各地の民権運動の代表者たちが集まって国会期成同盟を結成し，天皇宛の国会開設請願書を提出しようとしたが，政府はこれを受理せず，集会条例を定めて活動を制限した。

2月11日，大日本帝国憲法が発布された。

大日本帝国憲法による国の仕組み

・天皇に主権がある。

・天皇が帝国議会の招集，条約の締結，戦争
　の終了などの権限を持つ。

・帝国議会は華族などからなる**貴族院**と，国
　民が選挙した議員からなる衆議院の二院
　制。

不平等条約の改正

　日本は不平等条約の改正をめざして，外務大臣
の陸奥宗光がイギリスと交渉を重ね，1894年に
領事裁判権の撤廃に成功した。なお，関税自主権
は1911年に外務大臣の小村寿太郎が回復した。

3 日清戦争と日露戦争

日清戦争

　1894年，朝鮮半島で**甲午農民戦争**が起こると，
朝鮮政府は反乱鎮圧のため中国（清）に出兵を要
請した。日本もこれに対抗して出兵し，農民の反
乱が鎮圧された後も日清両国は兵を引き上げず，
日清戦争が始まった。日本はこの戦争に勝ち，講
和条約として**下関条約**が結ばれた。

衆議院

衆議院の選挙権が与え
られたのは一定の税
金を納めた25歳以上
の男子のみで人口の
1.1％だったが，国民
が政治に参加する道が
開かれた。

1880年代，日本で
は工業が盛んになり
ました。特に，蚕（か
いこ）から生糸を作
る製糸業，綿花から
綿糸を作る紡績業の
工場が各地に建てら
れ，多くの人が従事
したよ。

甲午農民戦争

1894年，朝鮮南部で
起きた農民蜂起のこと
で東学の乱ともいう。
東学はカトリックの西
学に対する呼称。

下関条約

全権…日本：伊藤博文・陸奥宗光，清：李鴻章（り こうしょう）

①清は朝鮮を独立国として扱う。

②日本は清から遼東半島（りょうとう）・台湾・澎湖諸島（ほう こ）を
譲り受ける。

③清は賠償金2億両（テール）を支払う。

日露戦争

　これを見たロシアは，日本の勢力拡大を警戒し，フランス・ドイツとともに遼東半島の返還を日本に勧告し（三国干渉），日本はこれを受け入れた。

　ロシアが韓国に勢力を拡大しようとしたため，日本は1902年，ロシアの動きを警戒するイギリスと日英同盟を結び対抗した。次第に日本とロシアの対立は深まり，日露戦争が起こった。戦闘は日本優位で進んだが，両国とも財政難などで戦争継続が困難になり，アメリカ大統領の仲介でポーツマス条約が結ばれた。

ポーツマス条約

全権…日本側：小村寿太郎，ロシア側：ウィッテ

①日本は韓国において優越権を持つ。

②ロシアは南満州の鉄道の権益や旅順（りょじゅん）・大連（だいれん）の租借権を日本に譲る。

③樺太の南半分を日本領とする。

④沿海州・カムチャツカ半島周辺での漁業権。

日本は台湾総督府を設置し，台湾の植民地支配を進めました。

三国干渉
国民にもロシアへの対抗心が広がった。また，政府は軍備の拡張や工業化に力を入れた。

日英同盟
1902年ロシアの南下政策に対抗して日英間で結んだ同盟。北清事変が直接の契機となった。

ポーツマス条約
国民は大幅な増税に耐えて日露戦争を支えたが，賠償金が取れない講和条約に不満を爆発させ，暴動化して日比谷焼打ち事件を起こした。

旅順・大連
遼東半島南部の港市で，1898年からロシアが租借していた。

大陸での日本の動向

日本は，日露戦争中から韓国統監府を置いて韓国の植民地化を進めた。1910年，韓国を併合し，京城に朝鮮総督府を置いて，1945年まで支配した。

また，ポーツマス条約で得た鉄道の利権をもとに，南満州鉄道株式会社を設立し，満州（中国東北地方）での利権の拡大を始めた。

---

4 第一次世界大戦と大正デモクラシー

1914年，ボスニアのサラエボでオーストリアの皇太子夫妻が，セルビア人青年に暗殺される事件を機に，第一次世界大戦が勃発した。

 ## 第一次世界大戦中の日本

第一次世界大戦の陣営

同盟国	ドイツ，オーストリア，トルコ
連合国	イギリス，フランス，ロシア

日本は，日英同盟を理由に連合国側で参戦し，ドイツが権益を持つ中国の山東省に出兵，青島などを占領した。さらに，中国の袁世凱政府に対して二十一か条の要求を示し，ドイツが山東省に持っていた権益を日本に譲ることなどを強引に認めさせた。

韓国統監府
韓国の外交を統括した。初代統監は伊藤博文。

京城
首都の「漢城」（ソウル）を改名させた。

第一次世界大戦
戦車・飛行機・毒ガスが新兵器として登場。総力戦となり，兵士以外にも多くの被害を出した。日本は重化学工業が成長し，アジアやアメリカ市場への輸出が増えたこともあり好景気となった。

青島
中国山東半島西南部膠州湾（こうしゅうわん）の中心港市で，ドイツ東洋艦隊の根拠地。

第一次世界大戦後の国際関係

第一次世界大戦中の 1917 年にロシア革命が起こり，1922 年，ロシアで社会主義政権が成立した。

終戦後のパリ講和会議で，中国はドイツ権益の返還を求めたが認められなかったため，中国の反日感情は爆発し，五・四運動が起こった。朝鮮でも，日本からの独立を叫ぶデモ行進が行われた（三・一独立運動）。

1920 年にはヴェルサイユ条約に基づき国際連盟が発足した。しかし，加盟国に偏りがあり，充分に機能しなかった。

そこで，1921 〜 22 年にアメリカの提唱でワシントン会議が開かれた。その結果，四か国条約，九か国条約，ワシントン海軍軍縮条約が結ばれた。

大正デモクラシー

国内では 1912 年，長州出身の桂太郎が 3 度目の内閣を組織すると，議会を無視する藩閥政府に批判の声が高まった。新聞・知識人が「閥族打破・憲政擁護」をスローガンに第一次護憲運動を起こすと，民衆もこれに加わった。護憲運動の高まりに桂内閣は 50 日あまりで退陣した。

米騒動の後，立憲政友会の原敬が首相となり，同じ立憲政友会の党員を大臣のポストに就任させた（陸軍，海軍，外務以外）。こうして本格的な政党内閣が誕生したが，原は刺殺され，以後約 2

ロシア革命

1917 年 3 月にロマノフ王朝を倒した三月革命と，同年 11 月レーニンらが社会主義革命によってソヴィエト政権を樹立した十一月革命の総称のこと。

四か国条約

1921 年，太平洋諸島の問題の解決を規定したもので，これにより日英同盟は廃棄された。

九か国条約

1922 年，中国の主権尊重・門戸開放・機会均等を規定したもの。これにより日本は山東省の旧ドイツ権益を返還した。

ワシントン海軍軍縮条約

1922 年，英・米・日・仏・伊の 5 か国間で主力艦の保有比率を定めた。

原敬

藩閥出身者でも華族でもない原は「平民宰相（さいしょう）」と呼ばれ，国民から歓迎された。しかし，選挙法の改正には消極的で，選挙権の納税資格を 10 円以上から 3 円以上に引き下げるにとどまった。

年間非政党内閣が続いた。

1924年，清浦奎吾が貴族院中心の内閣を組織すると，政党勢力はこれと対立し，第二次護憲運動が始まった。清浦は議会を解散し，護憲運動に対抗したが，選挙は護憲三派の勝利に終わり，憲政会総裁の加藤高明が内閣を組織した。1925年，加藤内閣は満25歳以上のすべての男子に衆議院議員の選挙権を与える普通選挙法を成立させた。しかし，同時に治安維持法を成立させ，共産主義に対する取締まりが強化された。

護憲三派
憲政会，立憲政友会，革新倶楽部をさす。

5 大正・昭和初期の恐慌

第一次世界大戦が終結してヨーロッパ諸国の復興が進むと，貿易は輸入超過に転じ，1920年には戦後恐慌が発生した。日本で起こった主な恐慌は次のとおり。

日本で起こった恐慌

恐慌	内容
戦後恐慌	1920年〜。第一次世界大戦後，綿糸・生糸の相場が暴落。再び輸入超過へ
震災恐慌	1923年〜。関東大震災の影響で「震災手形」を発行
金融恐慌	1927年〜。震災手形の処理で取付け騒ぎ→モラトリアムと日銀の巨額の融資で鎮静化
昭和恐慌	1930年〜。世界恐慌のさなかに金解禁で金が流出。輸出品の生糸の原材料である繭の価格が大暴落，凶作も重なり農業恐慌も起こる

モラトリアム
銀行が支払いを一時停止すること。支払猶予令ともいう。

金解禁
金本位制は第一次世界大戦で停止されていた。戦後，各国が金本位制に復帰する中，日本も復帰したが，世界恐慌の時期と重なり，大きな打撃を受けた。

犬養毅内閣の蔵相高橋是清は金輸出再禁止や公共土木事業など経済を活性化させる政策を行い，昭和恐慌から脱した。

高橋是清は二・二六事件で暗殺されてしまった。

6 軍部の台頭

内閣のまとめ

内閣	戦乱・事件など
若槻礼次郎②	柳条湖事件→満州事変
犬養毅	五・一五事件
斎藤実	国際連盟脱退
岡田啓介	二・二六事件
近衛文麿①	盧溝橋事件→日中戦争
近衛文麿②	日独伊三国同盟
東条英機	真珠湾攻撃

満州事変

満州の日本権益確保のため，満州を中国から分離することを主張していた軍部（関東軍）は，1931年，奉天郊外の柳条湖で南満州鉄道（満鉄）の路線を爆破し，これを中国の仕業として攻撃を開始して，短期間でほぼ満州全土を占領した（満州事変）。犬養毅内閣は，満州国の建国と承認には反対の態度をとったため，1932年，海軍将校が首相官邸を襲撃し，犬養首相を射殺した（五・一五事件）。

関東軍
1919年に設置された遼東半島南部の関東州と南満州鉄道の警備を主な任務とした軍。

国際的な孤立へ

　国際連盟は中国の提訴を受けて，リットン調査団を満州に派遣した。調査団の報告に基づき，国際連盟は日本の行動を侵略と断定し，満州国の不承認と日本軍の撤退勧告を決議した。日本はこれを不満として国際連盟を脱退し，国際的に孤立することになった。

　1936年，皇道派の青年将校が軍事政権の樹立をめざして首相官邸などを襲撃し，東京の中心部を占拠する二・二六事件が起こった。

日中戦争

　日本は満州を支配した後，さらに勢力を拡大しようとした。1937年，北京郊外の盧溝橋で日中両国軍の武力衝突が起こったことをきっかけに，日中戦争に突入した。

　1938年には国家総動員法が制定され，資金・労働力・物資などを，議会の承認なしに勅令で動員できるようになった。1940年には新体制運動が起こり，政党は解散して大政翼賛会に参加した。

日米交渉

　日米関係が悪化する中，近衛文麿内閣はアメリカと交渉を始めた。一方で日本軍は南進を続けたので，アメリカは石油の輸出を停止した。これに

皇道派

陸軍の派閥で，天皇親政の国家革新を唱える青年将校らの一派。

新体制運動

強力な指導政党を中心とする新しい政治体制を作ること。

大政翼賛会

新体制運動を指導する組織。国民を協力させることに大きな役割を果たした。

日米関係の悪化

中国進出後，日本とアメリカは対立が深まっていた。日本はドイツ，イタリアと日独伊三国同盟を締結し，アメリカを仮想敵国とした。

南進

アメリカやイギリスは，フランス領インドシナなどを使って「援蒋ルート」と呼ばれる支援ルートで，日本軍への抵抗を続ける中国の蒋介石を支援した。日本はこのルートを断ち切ることと，石油などの資源獲得を目的に，東南アジアへ武力で進出した。

焦った日本は，続く東条英機内閣のときにアメリカとの開戦を決断した。

太平洋戦争

1941年，海軍がハワイの真珠湾を奇襲し，同時に陸軍がイギリス領マレー半島に上陸，太平洋戦争が始まった。開戦当初は，日本は東南アジア各地や南太平洋の島々を次々に占領した。しかし，経済力にまさるアメリカが反撃体制を整えると，日本は次第に苦戦を強いられるようになる。1942年のミッドウェー海戦で日本海軍が敗れると，これを境に戦況は日本不利に変わった。

1944年，サイパン島が陥落すると日本本土への空襲が激化し，翌年4月にはアメリカ軍が沖縄に上陸して民間人を巻き込む戦闘が行われた。

7月，連合国は日本に無条件降伏を促したが，日本は受け入れなかった。アメリカは2発の原子爆弾を広島と長崎に投下し，ソ連は対日参戦を決めた。これを受け，日本はポツダム宣言を受諾し，玉音放送で終戦を伝えた。

7 第二次世界大戦後の改革

終戦後，日本はアメリカを主力とする連合国軍に占領された。GHQは日本の徹底的な非軍事化と民主化を占領政策の基本とした。日本では

太平洋戦争
1939年，ドイツのポーランド侵攻をきっかけに，第二次世界大戦が勃発した。1941年に日本はアメリカ・イギリスに宣戦布告し，第二次世界大戦の一部として太平洋戦争が始まった。

サイパン島から来る米軍機により日本本土への空襲が激化し，1945年3月の東京大空襲では一夜で約10万人が焼死した。

ポツダム宣言
1945年，ドイツのポツダムで米・英・ソの首脳が会談して，米・英・中の首脳の名で日本の無条件降伏などを宣言した。

GHQ
連合国軍最高司令官総司令部。最高司令官はマッカーサー。

GHQの指令に基づいて日本政府が政策を実施する間接統治が行われた。

 **主な戦後の改革**

戦後改革

政治面	・天皇の「人間宣言」 ・治安維持法の廃止 　→政治活動・言論の自由 ・選挙法改正 　→満20歳以上の男女が選挙権獲得
経済面	・財閥解体 ・労働組合法，労働基準法制定 ・農地改革→多くの自作農が誕生

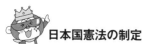 **日本国憲法の制定**

GHQは政府に大日本帝国憲法の改正を指示した。しかし，日本政府の改正案は一部修正にとどまったため，GHQが作成した憲法草案をもとに改正案を作成した。議会での議論を経て，1946年11月3日，日本国憲法として公布された。日本国憲法は，主権在民・基本的人権の尊重・平和主義の3つの基本原理を掲げ，天皇は日本国および日本国統合の象徴とした。

併せて，教育基本法や民法も改正された。

非軍事化

GHQは極東国際軍事裁判を開いて，戦犯を公職から追放した。

財閥解体

三井，三菱，住友，安田などの資本家は同族支配で持株会社を中核に，金融や貿易などさまざまな業種に進出して，戦前から日本の経済や政治に大きな影響力を持っていた。GHQは財閥が所有する株を整理して，資本を独占させないようにした。

農地改革

地主が持つ小作地のうち，一定面積を超える分は政府が強制的に買い上げて，小作人に安く売り渡した。

教育基本法

教育の機会均等などを唱え，義務教育を6年から9年に延長した。

民法

1947年に改正され，男女同権の新しい家族制度が定められた。

8 日本と冷戦

　世界では，資本主義のアメリカを中心とする西側陣営と，共産主義のソ連を中心とする東側陣営に分かれて対立した。この時期の両陣営の対立を戦争状態になぞらえて，冷戦と呼ぶ。

朝鮮戦争

　1950年には，北朝鮮が韓国に侵攻し，朝鮮戦争が始まった。大量の軍需物資が日本で調達されたため，日本は特需景気に沸き上がった。また，GHQの指令により警察予備隊が作られ，のちに自衛隊となった。

朝鮮戦争
アメリカ軍が国連軍として介入した。

現代日本のあゆみ

内閣	年	条約・歴史事項など
吉田	1951	サンフランシスコ平和条約 日米安全保障条約
鳩山	1956.10	日ソ共同宣言 →ソ連と国交回復
	1956.12	国際連合加盟
岸	1960	日米新安保条約
池田	1960	「国民所得倍増計画」
	1964	東海道新幹線開通 東京オリンピック開催

サンフランシスコ講和会議
1951年の対日講和会議。中国は招かれず，インド・ビルマ・ユーゴスラヴィアは不参加，ソ連・ポーランド・チェコスロバキアは調印を拒否した。

日ソ共同宣言
戦争状態終了，将来の歯舞（はぼまい）群島・色丹（しこたん）島の返還，日本の国連加盟支持など。

内閣	年	条約・歴史事項など
佐藤	1965	日韓基本条約
	1968	小笠原返還協定
	1972	沖縄日本復帰
田中	1972	日中共同声明 →日中国交正常化
福田	1978	日中平和友好条約

国交正常化に向けて

(1) アメリカ

　1951年，吉田茂内閣は，アメリカなど48か国とサンフランシスコ平和条約を締結した。同時に，アメリカと日米安全保障条約（安保条約）を結び，東アジアの安全のためにアメリカ軍基地が日本に残った。翌年，日本は独立を回復したが，沖縄や小笠原諸島はアメリカの統治下に置かれ続けた。

　1960年，岸信介内閣は日米新安保条約（日米相互協力及び安全保障条約）に調印したが，この調印を巡って，国民から激しい反対運動が起こった（安保闘争）。

(2) ソ連

　1956年，鳩山一郎内閣はソ連と日ソ共同宣言を発表して，国交を回復した。同年，国際連合加盟が実現し，日本は本格的に国際社会への復帰を

台湾

中国では，共産党の毛沢東（もうたくとう）が立ち上げた中華人民共和国が成立した。対立していた国民党は台湾に逃れ，アメリカの支援を受けて，国連の中国代表として国際社会に参加していた。しかし，アメリカが中華人民共和国と国交を正常化したため，国連代表権を失い，79年にはアメリカとの国交も断たれた。日本も日中共同声明において中華人民共和国を「中国で唯一の合法政府」と認め，台湾の国民政府との外交関係を断絶したが，貿易などでは密接な関係が続いている。

はたした。

（3）韓国

　1965 年，佐藤栄作内閣は大韓民国（韓国）と
日韓基本条約を結び，国交を樹立した。日本は韓
国を朝鮮半島における唯一の政府と認め，多額の
経済援助を行うこととなった。

（4）中国

　日本は，台湾の国民政府と平和条約を結び，中
華人民共和国政府を中国の代表政府とは認めない
姿勢をとってきた。しかし 1971 年の国連代表権
回復，1972 年のアメリカ大統領ニクソンの中国
訪問など情勢の変化もあり，1972 年，田中角栄
内閣は日中共同声明を発表して，中国と国交を正
常化した。

自民党の長期政権の始まり

　アメリカの冷戦政策に批判的な社会党などに
対して，アメリカの政策を支持する保守勢力は，
1955 年に自由民主党（自民党）を結成した。保
守勢力と革新勢力の議席数は 2 対 1 で推移し，自
民党は 38 年間，政権をとり続けた（55 年体制）。

高度経済成長

　1964 年，アジアで初めてのオリンピックが東京で開催され，同時に新幹線の開通や高速道路の整備が進んだ。世界でも有数の工業国になり，高度経済成長と呼ばれる時期を迎えるが，その一方で，環境汚染が進み，公害問題が発生した。

　1973 年には第四次中東戦争が勃発し，原油価格の暴騰によりオイルショックが発生した。原油を中東に依存していた日本経済は大きな影響を受け，安価な石油に支えられた高度経済成長の持続は困難となり，日本経済は安定成長に転換した。

9　現代の日本

　1989 年のマルタ会談で冷戦の終結が宣言され，国際協調の動きが進んだ。経済大国となった日本は国際貢献を求められるようになる一方，国内では経済問題や自然災害への対応に迫られた。

自衛隊の派遣

　冷戦後，国連などの枠組みを通して地域紛争を解決する動きが進んだ。日本は多額の経済援助を行ったが，湾岸戦争を機に，世界平和の面でも国際貢献を求められるようになり，1992 年に PKO 協力法を成立させ，自衛隊の海外派遣を可能にした。

高度経済成長
この時期，カラーテレビや電気冷蔵庫などの家電が普及した。

第四次中東戦争
1973 年，イスラエルとエジプト・シリア・ヨルダン・サウジアラビアの間で開戦し，アラブ側は石油戦略を実施した。

公害問題
1967 年に公害対策基本法を制定し，1971 年に環境庁（現在の環境省）を設置した。

オイルショック
アラブ石油輸出国機構はイスラエル寄りの欧米・日本に対する石油輸出制限を実施し，OPEC（石油輸出国機構）も原油価格を 4 倍に引き上げた。

湾岸戦争
1991 年，イラクのクウェート侵攻に対し，アメリカ軍を主力とする多国籍軍が，国連決議のもと，武力制裁を行った。

自衛隊
2001 年のアフガニスタン紛争，2003 年のイラク戦争にも派遣されている。

不況の時代

1980年代後半から株価や地価が異常に高くなる好景気（バブル経済）が発生したが，1991年に崩壊し，長期にわたる不況に突入した（平成不況）。企業は事業整理やリストラをはかり，大量の失業者が発生した。

2001年の小泉純一郎（こいずみじゅんいちろう）内閣は経済活動に対する規制緩和や郵政民営化などに取り組み，一定の成果をあげるが，地域格差・所得格差も拡大した。

2008年にはリーマンショックが起こり，再び日本は景気後退に見舞われた。

リーマンショック
アメリカの投資銀行の経営破綻をきっかけに起こった世界的な金融危機。

自然災害

1995年に阪神・淡路大震災，2011年に東日本大震災が発生した。東日本大震災では原子力発電所の事故が起こり，エネルギー政策そのものが問い直されるようになった。

No.1 日本の大正時代に関する記述として，妥当なのはどれか。

【東京都】

1 立憲国民党の尾崎行雄，憲政会の犬養毅らによる第一次護憲運動が起き，西園寺公望内閣は総辞職に追い込まれた。

2 海軍出身の山本権兵衛は立憲同志会を与党に内閣を結成し，軍部大臣現役武官制の導入などを実施したが，ジーメンス事件に直面して退陣した。

3 政治学者の吉野作造は，特権的勢力による政治を批判し，議会中心の政治を確立することで民衆の利益と幸福をめざす民本主義を唱えた。

4 立憲政友会の総裁である原敬は政党内閣を組織し，男性の普通選挙の実現を果たした。

5 ワシントン会議では，ワシントン海軍軍縮条約が結ばれて，太平洋の安全保障を取り決めた四か国条約は破棄された。

No.2 明治時代以降のわが国の外交に関する記述として最も妥当なのはどれか。

【国家一般職／税務／社会人】

1 北清事変を契機にロシアが満州を占領すると，警戒感を強めたわが国は，英国と日英同盟協約を締結した。

2 日露戦争では，わが国は戦争の続行が困難となったため，米国のトルーマン大統領の仲介で下関条約を調印した。

3 第一次世界大戦後，国際連盟が発足したが，わが国は発足当初には加盟せず，米国，英国，フランス，ソ連が常任理事国となった。

4 国際連盟が満州における中国の主権を認めると，わが国は，国際連盟か

ら脱退し，その後，満州事変が起こった。

5 第二次世界大戦後，サンフランシスコ講和会議が開かれ，佐藤栄作内閣は，米国やソ連などとの間で講和条約に調印した。

正答と解説

No.1 の解説

1✕ 立憲政友会の**尾崎行雄**と立憲国民党の**犬養毅**が中心となり第一次護憲運動が起こった。総辞職に追い込まれたのは第3次桂太郎内閣。

2✕ 立憲同志会ではなく立憲政友会。また，軍部大臣現役武官制を事実上廃止した。

3〇 天皇制を認めたうえで，普通選挙の実施や政党内閣制をめざした。

4✕ **原敬**は男子普通選挙制の導入に反対した。

5✕ ワシントン会議で破棄されたのは**日英同盟**。

No.2 の解説

1〇 **義和団事件**に対し日本を含む8か国が出兵した（北清事変）。

2✕ 仲介したのはトルーマンではなく，**セオドア＝ローズヴェルト**。また，調印したのは下関条約ではなく，**ポーツマス条約**である。

3✕ 日本は国際連盟発足当初から加盟し，常任理事国となった。また，アメリカは提唱国だが不参加。ソ連は1934年に加盟。

4✕ 前後関係が反対である。**満州事変**の後，日本は満州国を建国したが，満州からの撤退を求められたため日本は1933年に国際連盟を脱退した。

5✕ 佐藤栄作ではなく，第3次**吉田茂**内閣である。ソ連は講和会議に参加したが，調印していない。

★★

テーマ 05 土地制度史・対外交渉史

・初期荘園と寄進地系荘園の違いを理解する。
・中世の荘園侵略の内容を理解する。
・中国の王朝の変遷を覚えて，日中外交をとらえる。

1 土地制度史

国は土地をどのように管理し，税収を得ようとしたか見ていこう。

公地公民制

律令体制下では，土地はすべて国（朝廷）のものであり，国が人々に貸し与えるという公地公民制がとられた。戸籍に基づいて人々に土地を割り振り，その土地の収穫物（租）やその他の税（調・庸・雑徭など）を負担させた。しかし，重い税から逃げ出す農民や，税をごまかすために偽の戸籍で申告するなど，実態と戸籍が合わないことが多々あった。また，人口が増えて口分田が足らなくなるという問題が発生した。

墾田永年私財法では，新しく開墾した土地の私有や売却が認められるようになったため，貴族や寺院，地方の豪族らは，農民を使って開墾させたり，土地を購入したりして私有地を広げていった。このような私有地を荘園，特に奈良時代から平安時代初期の荘園を初期荘園と呼ぶ。

戸籍
班田台帳として6年ごとに作成した。

口分田
班田収授法によって6歳以上の男女に割り当てられた田のこと。性別などにより広さが異なった。

初期荘園
初期荘園には住民は不在で，周辺の農民などに貸し出す形式で，経営した。

公地公民制の土地制度

年代	政策
652年	班田収授法…6歳以上の男女に口分田を配給する
723年	三世一身法…開墾した土地の所有を三世代まで認める
743年	墾田永年私財法…開墾した土地の永久私有を認める

 荘園の増加

　大規模な荘園が増えて，班田収授が崩壊していったため，政府はたびたび荘園整理令を出し，違法な土地所有を禁じて，律令制の再建をめざした。しかし，戸籍・計帳の制度はくずれ，班田収授も実施不可能となっていたので，税を取り立てて国家財政を維持することができなくなった。

　こうした事態に直面した政府は方針を転換し，国司の筆頭者（受領）に一定額の税の納入を請け負わせ，その代わりに一国内の統治をゆだねるようにした。受領は税収を増やすために，有力農民（田堵）に田地の耕作を請け負わせ，その田地に対して税をかけた。田堵の中には勢力を拡大して，大規模な耕作を請け負う大名田堵もいた。

 寄進地系荘園の登場

　10世紀後半には大名田堵が盛んに開発を行い，

国司
中央政府の監督のもと，地方の行政を行っていた役人。

受領
国司のうち，現地に赴任して責任を負う筆頭者のことで，国司が前任者から文書を引き継ぐことを受領といい，それが呼び名となった。

寄進地系荘園
摂関家である藤原氏に多く寄進され，藤原氏の財力につながった。

11世紀には税の一部を免除されて一定の地域を開発するまでに成長した**開発領主**も現れた。

彼らの中には，受領たちの干渉から逃れるために，開発した土地を中央の権力者に寄進し，権力者に保護してもらう開発領主も現れた。こうした荘園は寄進地系荘園（きしんちけい）と呼ばれ，各地に広がった。

荘園の中には，有力貴族・寺社の権威を背景に，政府から税の一部を免除してもらう**官省符荘**（かんしょうふしょう）や，国司によってその任期中に限り免除が認められた**国免荘**（こくめんのしょう）が現れた。この結果，天皇家や摂関家，大寺社などが積極的に寄進を受けるようになり，政府に送られる税収は減少した。

官省符荘
太政官符や民部省符により税の免除が認められた荘園。

荘園公領制

1069年，**延久の荘園整理令**が出され，中央に記録荘園券契所（けんけいじょ）を設け，基準に合わない荘園を廃止した。こうして有力貴族や寺社が支配する荘園と，国司が支配し政府の収入となる公領（国衙領）（こくが）が明確になり，一国の編成は荘園と公領で構成される荘園公領制に変化していった。

延久の荘園整理令
藤原氏を外戚にもたない後三条天皇が出したため，藤原氏の荘園も例外ではなかった。

記録荘園券契所
荘園の所有者から提出された書類と国司の報告を合わせて審査し，書類不備のものや年代の新しいものなどを廃止した。

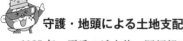

守護・地頭による土地支配

1185年，平氏の滅亡後，源頼朝は諸国に守護，荘園や公領には地頭を任命した。

守護と地頭

役職	配置	仕事
守護	国に一人	国の警備
地頭	荘園や公領ごと	土地の管理

鎌倉時代の守護は，有力御家人が任命され，大番催促・謀叛人や殺害人の逮捕を職務としました。

しかし，次第に地頭と荘園領主との間に所領を巡る争いが増えるようになった。解決のために，地頭に荘園の管理を任せる代わりに一定の年貢を納入させる地頭請（うけ）や，地頭側と領主側で土地を分割して相互の支配権を認める下地中分（したじちゅうぶん）などが行われ，荘園の支配権は地頭に移っていった。

南北朝の動乱の中で地方武士の力が増大すると，武士を各国ごとに統轄する守護が大きな役割を担うようになった。室町幕府は地方武士を動員するために守護の権限を大幅に拡大した。特に，半済令（はんぜいれい）は軍費調達のために守護に一国内の荘園や公領の年貢の半分を徴発する権限を認めたもので，守護はこれらの権限を利用して国内の荘園や公領を侵略していった。また，荘園や公領の領主が年貢徴収を守護に請け負わせる守護請も行われた。

半済令
初めは近江・美濃・尾張の３国に限定され，１年限りの適用だった。やがて全国的に，また永続的に行われるようになった。

守護大名
室町幕府の守護は権限が強く，一国全体を支配する者も現れたことから「守護大名」とも呼ばれる。地頭など地方在住の武士たちは「国人（こくじん）」と呼ばれ，守護に対して国人一揆を起こすこともあった。

太閤検地と荘園制の崩壊

全国を統一した豊臣秀吉は，全国規模で検地を施行した（太閤検地）。土地の面積表示を新しい基準に統一するとともに，ばらばらだった枡（ます）の容量を統一し，村ごとに田畑・屋敷地の面積などを

太閤検地
それまでは大名たちが自己申告する指出検地だった。秀吉は検地奉行が実際に調査する竿入検地という形をとった。

調査してその石高を定めた。この結果，土地の生産力を米の収穫量で換算した石高制が確立した。

また，荘園制のもとで一つの土地に何人もの権利が重なり合っていた状態を整理し，土地を耕作する人一人だけを検地帳に登録して，その人から年貢を直接徴収した（一地一作人）。この結果，全国の荘園がなくなり，荘園制は崩壊した。

江戸時代の土地制度

江戸幕府は幕藩体制をしき，各藩が百姓から年貢米を一括して徴収した。幕府は安定して徴収するために，1643年に田畑永代売買の禁止令を出し，土地の売却を禁止した。また，1673年には分地制限令を出し，親から子への分割相続を制限して，土地が細かく分割されることを防いだ。

開国後の土地制度

明治政府は幕藩体制を解体し，大名が天皇に土地と人民を返す版籍奉還を行った。そして，藩制度を廃止して府県とし，政府が派遣する県令・府知事が地方行政に当たることとした（廃藩置県）。

また，安定した財政を確保するために，政府は土地制度と税制度の改革を進めた。1872年，従来の年貢負担者に，所有する土地の面積や地価（土地の値段）などを記載した地券を交付し，土地の

石高
石高は1段当たりの石高である石盛に段数を掛けて算出した。

田畑永代売買の禁止令
1871年，地券発行に合わせて解かれた。

地価・地租
当時は地価・地租が物価に左右されなかった。物価が下がると米価も下がるが，地租は一定のため農民は困窮した。

持ち主が納税者として，地価の３％を現金で納めさせることにした（地租改正）。近代的な租税の形式が整って，政府財政の基礎は固まり，地主や自作農による土地所有権が確立した。

地租改正条例

	従来	改正後
基準	収穫高	地価
税率	不定	地価の３％
納税者	土地耕作者	地券所有者
納税法	現物納	金納

第二次世界大戦後の土地制度

　戦後，日本を占領したGHQは，自作農を増やす農地改革の実施を求めた。1946年，日本政府は第一次農地改革案を決定したが，地主制の解体が不徹底であったため，翌年からGHQの勧告案に基づき，第二次農地改革が開始された。地主の貸付地を国が強制的に買い上げて，小作人に安く売り渡した。その結果，全農地の半分近くあった小作地は１割程度にまで減少し，農家の大半が零細な自作農となった。

2 対外交渉史

日本は，中国や朝鮮半島の国々と交流を進め，

地租改正反対一揆
地租改正は，従来の年貢による収入を減らさない方針だったため，農民は年貢の軽減を求めて各地で地租改正反対一揆を起こした。

戦前は寄生地主制が進み，大地主は耕作地から離れたところに住み，小作人たちからの小作料をもとに株式への投資などを行いました。小作人たちは小作料の支払いに苦しみ，GHQはこの窮乏が日本の対外侵略の動機につながったと考えていました。

第二次農地改革
所有する土地のある市町村に住んでいない不在地主の全貸付地，在村地主の貸付地のうち一定面積を超える分が対象となった。

政治・経済・文化に大きな影響を受けてきた。大陸の動向と併せて見ていこう。

遣隋使・遣唐使の派遣

遣隋使・遣唐使

年代	政策
607 年	小野妹子が遣隋使として派遣
630 年	犬上御田鍬が遣唐使として派遣
663 年	白村江の戦い
894 年	菅原道真が遣唐使停止を建議

中国の隋が高句麗などの周辺地域に進出し始めると，ヤマト政権は隋との外交を始め，遣隋使を派遣した。遣隋使に同行した留学生・学問僧が日本に伝えた中国の制度や思想，文化は 7 世紀半ば以降の日本の政治に大きな影響を与えた。

隋が滅んで唐がおこると，630 年に遣唐使を派遣した。8 世紀には 20 年に 1 度の割合で派遣されたが，894 年，菅原道真が派遣の中止を建議したことから，停止された。

その間，朝鮮半島では，唐と新羅が結んで 660 年に百済を滅ぼした。日本は友好関係にあった百済の復興を支援するため大軍を派遣したが，663 年に白村江の戦いで唐・新羅連合軍に大敗した。

一方，唐や新羅と対立する旧高句麗の遺民を中心に建国された渤海とは，使節の往来が行われた。

遣隋使
『隋書』によると，最初の遣隋使は 600 年であり，小野妹子は 2 番目の遣隋使である。

小野妹子
隋への国書は，中国皇帝に対して対等外交を要求したため，煬帝（ようだい）から無礼とされた。ちなみに，隋は高句麗遠征をしていたため，日本と高句麗が結びつくことを恐れて，日本に対して返礼をした。

遣唐使の停止
遣唐使に任命された菅原道真は，唐は衰退し，多くの危険をおかしてまで派遣を続ける必要がないと訴えた。

新羅
白村江の戦い後，668 年高句麗を滅ぼした新羅がのちに朝鮮半島を統一した。

商船の往来

商船の往来

年代	政策
12世紀	平清盛が日宋貿易を展開
1404年	足利義満が明と勘合貿易開始
1411年	足利義持が勘合貿易中断
1432年	足利義教が勘合貿易再開

　907年，中国では唐が滅び，五代の諸王朝のの
ち，宋によって再統一がはたされた。**平清盛**は摂
津の**大輪田泊**を修築して，**日宋貿易**を推進した。
宋船のもたらした宋銭・書籍などは日本の文化や
経済に大きな影響を与え，貿易の利潤は平氏政権
の重要な経済的基盤ともなった。

　蒙古襲来後，元と日本との間には正式な外交関
係はなく，建長寺船や天龍寺船などの私的な商船
の往来があるにすぎなかった。しかし，元の支配
を廃して建国された明は，近隣諸国に通交を求め，
室町幕府の3代将軍足利義満は国交を開いた。

　日明貿易は，国王が明の皇帝へ朝貢する形式を
とり，また遣明船は，明から交付された**勘合**と呼
ばれる通行証を持参することを義務づけられた。
そのため，日明貿易を**勘合貿易**ともいう。

　4代足利**義持**が朝貢形式に反対して一時中断し
たが，6代足利**義教**の時に再開した。朝貢形式の
貿易は，滞在費・運搬費などすべて明側の負担だっ
たため，日本側の利益は大きかった。

宋
日本は宋と正式な国交
を開かなかったが，九
州の大宰府に来航した
宋の商人を通じて，書
籍や陶磁器などの工芸
品・薬品などが輸入さ
れた。また，朝廷の許
可を得て宋に渡る僧も
おり，大陸との交渉は
活発だった。

建長寺船・天龍寺船
1325年，鎌倉幕府が
建長寺修造の資金を得
るために，元に派遣し
た貿易船のこと。天龍
寺船は，1342年足利
尊氏らが天龍寺造営を
目的として，同じよう
に元に派遣した船。

勘合
明が貿易統制のため使
用した割符。日明間の
勘合は一方を勘合，他
を勘合底簿として照合
した。明からの船は日
字勘合を，日本からの
船は本字勘合を持参し
た。

15世紀後半，室町幕府が衰退すると，貿易の実権は商人と結んだ細川氏と大内氏の手に移った。両者は激しく争い，1523年に寧波の乱を引き起こした。勝利した**大内氏**が貿易を独占したが，16世紀半ばに大内氏が滅亡するとともに勘合貿易も断絶した。

寧波の乱

堺商人と結んだ細川氏と，博多商人と結んだ大内氏が対立。1523年，中国の港でそれぞれの勘合船が貿易の主導権を巡って争った。

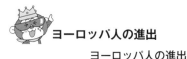

ヨーロッパ人の進出

ヨーロッパ人の進出

年代	政策
1543年	種子島に鉄砲伝来
1549年	ザビエルがキリスト教を伝える
1592年	文禄の役（朝鮮出兵）
1597年	慶長の役（朝鮮出兵）

1543年にポルトガル人を乗せた中国船が，種子島に漂着し，鉄砲が伝来した。これ以後，ポルトガル人は日本との貿易を行うようになった。当時の日本では，ポルトガル人やスペイン人を南蛮人と呼んだので，この貿易を**南蛮貿易**という。

南蛮貿易は，キリスト教の布教活動と一体化して行われ，1549年，イエズス会の宣教師ザビエルが鹿児島に来日し，キリスト教が伝来した。のちに豊臣秀吉は，バテレン追放令を出したが，京都などの豪商らには海外貿易を奨励したため，キリスト教の取締まりは不十分だった。

豊臣秀吉

秀吉は海上支配を強化するために，1588年，刀狩令と同日に海賊取締令を発布し，海賊取締りはその地の領主の責任とした。

1592年，秀吉は明の征服をめざし，朝鮮に大軍を送り込んだ（文禄の役）。日本軍は首都漢城を占領し，明との国境に迫ったが，義兵の抵抗や明の援軍派遣に苦戦し，戦いは長期化した。

明との講和交渉が決裂し，秀吉は再び大軍を派遣した（慶長の役）が，秀吉の死により撤退した。

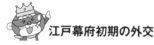

江戸幕府初期の外交

江戸幕府初期の外交

年代	政策
1604年	糸割符制度
1607年	朝鮮通信使の来日

江戸時代初期，南蛮貿易ではポルトガル商人により中国産の生糸が多く輸入された。価格競争を防ぐために，幕府は糸割符制度を設け，特定の商人らに一括購入させた。

徳川家康は南蛮貿易のほか，オランダ・イギリスにも貿易を認め，平戸に商館を開いた。

また，アジア方面では，朝鮮との講和を実現し，1609年，対馬藩主宗氏が朝鮮と己酉約条を結んだ。朝鮮からは朝鮮通信使が将軍交代ごとに来日した。

東南アジアでは，日本人の海外渡航が盛んで，幕府は彼らに朱印状を与え，貿易を奨励した。

朝鮮出兵
秀吉は朝鮮に日本への貢ぎ物と，明へ出兵するための先導を要求したが，拒否された。

義兵
朝鮮の地主らを指導者として結成された抗日私兵集団。

糸割符制度
ポルトガル商人に対して，日本の商人が個々に接触したため，価格競争が起きて生糸全体の値段が高くなる問題が発生した。そのため，特定の商人たちに共同購入させた。

己酉約条
貿易は釜山（ふざん）の倭館で行われ，朝鮮からは木綿や朝鮮人参などを輸入した。

朝鮮通信使
使節は前後12回来日し，1～3回目は文禄・慶長の役の朝鮮人捕虜の返還を目的とした。4回目からは修好を目的とする意味で通信使と呼ばれた。

鎖国体制へ

鎖国への流れ

年代	政策
1616年	中国船以外の外国船の寄港地を平戸・長崎に限定
1631年	奉書船制度開始
1633年	奉書船以外の海外渡航を禁止
1635年	日本人の海外渡航と帰国を禁止
1639年	ポルトガル船の来航を禁止
1641年	オランダ商館を出島に移す
1689年	清国人の居住地を唐人屋敷に限定

　幕藩体制が確立するにつれて，キリスト教の取締まりと，貿易を幕府の統制下に置くことを目的に，貿易や人の移動に制限を加えるようになる。1616年，中国船以外の外国船の寄港地を平戸・長崎に限定，1641年には平戸のオランダ商館を長崎の出島に移したことで，最終的にはオランダ船・中国船だけが長崎で貿易を行う，鎖国状態となった。

　中国で明が滅び，清が成立すると，中国の貿易船が増え，貿易額は年々増加した。幕府は輸入の増加による銀の流出を抑えるため，1685年オランダ船・清船からの輸入額を制限した。続いて，清船の来航を年間70隻に限定し，清国人の居住地を限定するため，唐人屋敷を設けた。

イギリス・スペイン
イギリスはオランダとの競争に敗れ，1623年に平戸を退去。スペインは1624年に来航を禁止された。

中国船
幕府は明との国交回復をめざしたが，明に拒否されたため，私貿易を長崎で行った。当初は九州各地に寄港していたが，1635年，長崎に限定した。

奉書船
1631年，海外渡航船は朱印状のほかに老中発行の奉書（ほうしょ）の所持を命じられた。

鎖国
独立国だった琉球王国（沖縄県）は薩摩藩と，蝦夷地（北海道）は松前藩との交易を行っていた。

清
17世紀半ば漢民族の建てた明が滅び，中国東北部からおこった満州民族が清を建国した。

唐人屋敷
長崎郊外に設置した清商人の居住地。役人・商人以外の立入りを禁じ，取引も館内で行われた。

ペリー来航

開国への流れ

年代	政策
1825 年	異国船打払令
1842 年	天保の薪水給与令
1853 年	アメリカのペリー来航
1854 年	日米和親条約
1858 年	日米修好通商条約

　18 世紀末になると，ロシア船が日本に来航するようになった。イギリス船・アメリカ船なども出没しトラブルが頻発すると，幕府は外国船を撃退する方針を打ち出した（異国船打払令）。

　しかし，清がイギリスに負けたことがわかると（アヘン戦争），方針を転換し，遭難などでやむを得ず寄港した外国船は食料などを与えて穏便に帰すことにした（天保の薪水給与令）。

　1853 年，アメリカのペリーが浦賀に来航した。幕府は鎖国政策の転換を余儀なくされ，日米和親条約を結び，下田と箱館を開港した。さらに，1858 年には日米修好通商条約を結び，箱館に加え，神奈川（横浜），長崎，新潟，兵庫が開港した。オランダ・ロシア・イギリス・フランスとも同様の条約を結び（安政の五か国条約），欧米との貿易が始まった。

ロシア船

1792 年，ロシアのラクスマンが漂流した日本人を連れて根室に来航した。1804 年にはレザノフが長崎に来航したが幕府が追い返したため，ロシア船は樺太などを攻撃した。

イギリス船

1808 年，イギリスの軍艦が敵国のオランダ船をねらって長崎に侵入し，食料や薪水を強要するフェートン号事件が起こった。

TRY! ▶ 過去問にチャレンジ

No.1

次の史料を古い順に並べた組合せとして，正しいものはどれか。

【地方初級】

ア 聞くならく，墾田は養老七年の格によりて，限満つる後，例によりて収授す。是によりて農夫怠倦して，開ける地復荒る，と。今より以後，任に私財となし，三世一身を論ずることなく，みな悉くに永年取る莫れ。

イ この頃百姓ようやく多くして，田地窄狭なり。望み請ふらくは，天下に勧めおおせて，田疇を開闢かしめん。其の新たに溝池を造り，開墾を営む者有らば，多少を限らず，給ひて三世に伝へしめん。若し旧き溝池を遂はば，其の一身に給せん。

ウ 其の三に曰く，「初めて戸籍・計帳・班田収授の法を造れ。」

1 アーイーウ　　**2** アーウーイ　　**3** イーアーウ

4 イーウーア　　**5** ウーイーア

No.2

明治から昭和初期における対外関係に関する記述として最も妥当なのはどれか。

【国家一般職／税務／社会人】

1 明治政府は，右大臣岩倉具視を大使とし，西郷隆盛ら政府首脳に率いられた大規模な使節団を欧米諸国へ派遣した。アメリカ合衆国では，元来予定にはなかった不平等条約の改正交渉に成功した。

2 朝鮮の内政改革を巡って日本と清は激しく対立し，日清戦争が始まった。戦いは日本の勝利に終わり，日本全権小村寿太郎と清国全権孫文との間で，1895年に下関条約が調印された。

3 満州における利権を巡るロシアとの交渉は決裂し，日露戦争が始まった。戦いは日本の勝利に終わり，日本全権井上薫とロシア全権ウィッテとの間で，1905年にウィーン条約が調印された。

4 1921 年に開催されたワシントン会議において，アメリカ合衆国・英国・日本は中国との間で軍縮協定を結んで，建艦競争を終わらせ，中国の東アジアでの膨張を抑えようとした。

5 田中義一首相は外相を兼任し，それまでの幣原喜重郎外相による調和的な外交とは異なる強硬外交を中国に対して展開し，日本人居留民の保護を名目として山東出兵を行った。

正答と解説

No.1 の解説

ア：743 年の「墾田永年私財法」である。開墾した田地の私有を**永年**にわたって認め，これにより貴族や寺院，地方豪族による私有地拡大が広がった。

イ：723 年の「三世一身法」である。政府は人口増加による口分田の不足と増収を図るため，新たに灌漑施設を設けて開墾した場合は**三代**，既設の灌漑施設を利用した場合には**本人一代**の保有を認めることとした。

ウ：646 年の「改新の詔」の第３条である。改新の詔は，中大兄皇子らが蘇我蝦夷・入鹿を滅ぼして（乙巳の変），新政権を立てて出された。
古い順に並べるとウーイーアとなり，よって正答は５である。

No.2 の解説

1✗ 西郷隆盛は参加していない。アメリカとの改正交渉は中止された。

2✗ 日本全権は**伊藤博文**と**陸奥宗光**，清国全権は**李鴻章**。

3✗ 満州に駐兵するロシアの撤兵を求める交渉の決裂から勃発した。また，講和会議の日本全権は小村寿太郎で，**ポーツマス条約**が結ばれた。

4✗ ワシントン会議における海軍軍縮協定は，**英・米・日・仏・伊**の５か国間の協定で，日本の東アジアでの膨張を抑えるのが目的の一つ。

5〇 中国では蔣介石率いる国民革命軍が**北伐**を進めていた。

熟語の活用

熟語の活用では，前置詞の組合せや，適切な動詞を選ぶ問題が
よく出題される。文の内容によって，動詞が過去形や過去分詞
などに形が変わることにも気をつけよう。

as 〜 as possible　できるだけ〜

at least　少なくとも

be interested in 〜　〜に興味がある

do away with 〜　〜を廃止する，（不要なもの）をすてる

do one's best（〜の）最善を尽くす

get along with 〜　〜と仲よくやっていく

go along with 〜　〜を支持する，〜に賛成する

inferior to 〜　〜よりも劣って

look down on 〜　〜を軽蔑する

look forward to 〜（名詞または動名詞）　〜を楽しみにする
　［待つ］

look up to 〜　〜を尊敬する

make up one's mind　決心する

more or less　だいたい，ほとんど，多かれ少なかれ

no longer　もはや〜ない，これ以上〜ない

not always　常に〜というわけではない

prefer to 〜　〜をより好む

put up with 〜　〜を我慢する

rather than 〜　〜よりも（むしろ）

superior to 〜　〜よりも優れて

take care of 〜　（〜の）世話をする

take into 〜 consideration　〜を考慮に入れる

世界史

★★

テーマ 01

西洋古代・西洋中世

・古代文明の発生場所と特徴を理解しよう。
・古代ギリシアとローマの違いを，政治体制に注意して理解しよう。
・十字軍の経過とその影響について押さえよう。

1 古代文明

　世界で最初に文明が発生した地域には，共通して大河が存在した。これは，都市や国家の誕生には農耕・牧畜が必要であったからである。この文明は，紀元前3300年頃のメソポタミア文明を始めとし，その後エジプト・インド・中国に生じた。まずはこれらの文明の特徴についてまとめよう。

古代文明の特色

文明	時期	河川	文字/特徴
メソポタミア文明	前3500頃〜	ティグリス/ユーフラテス川	楔形文字。神権政治を実施
エジプト文明	前3000頃〜	ナイル川	神聖文字。ピラミッドが有名
インダス文明	前2500頃〜	インダス川	インダス文字。計画都市
中国文明	前1600頃〜	黄河・長江	甲骨文字。神権政治

　メソポタミア文明は，西アジアのティグリス・ユーフラテス川流域に栄えた史上初の文明であ

> 文明とは都市・国家・文字を有する，発達した文化のことをさす。

神権政治
神の権威を借り，行われる政治。なお，中国では王が占いによって政治を決定した。

る。楔形文字や六十進法・太陰暦などが実施された。

エジプト文明は特にその巨大なピラミッドが有名で、象形文字の神聖文字が用いられ、天文学や測地術・太陽暦が発展した。

インダス文明は、インダス川中・下流域で発生した。規則正しく建物が設置された計画都市（特にモヘンジョ＝ダロが有名）やインダス文字（未解読）で知られている。

中国文明は黄河と長江流域で発生した。とくに黄河流域では前 1600 年頃に殷という国がつくられ、国王が神権政治を行い、甲骨文字を使用した。

2 古代ギリシア・ローマ

古代ギリシア・ローマ文明ともに、ヨーロッパの地中海周辺に発生した文明である。

古代ギリシアのポリス

紀元前 8 世紀頃、有力貴族たちの指導下でアクロポリス（城山）を中心に人々が集住するようになった（シノイキスモス）。アゴラ（広場）には公共施設が造られ、ポリスが形づくられていった。ポリスは多種多様だったが、なかでもアテネとスパルタが有名である。

楔形文字
粘土板に対し、尖った葦や金属を押し付けて書かれた文字。オリエント（中東）世界で広く使用された。

インダス文字
未解読の象形文字。印象などに刻まれる。

殷
前 1600 年頃～前 1100 年頃。現在確認できる中国最古の王朝。強大な国王による統治や青銅器・甲骨文字の使用で知られる。

甲骨文字
亀の甲羅や獣骨に刻まれた文字。漢字の原型。

アクロポリス
ポリスの中心部に築かれた丘。防衛拠点であり、パルテノン神殿に代表されるような神殿が築かれた。

アゴラ
ポリス中心部の広場。市民が集まり、交易・集会などが行われた。

ポリス
古代ギリシアにおける都市国家のこと。

アテネとスパルタの相違点

	アテネ	スパルタ
民族	イオニア人	ドーリア人
社会	商工業・民主政治が発展	軍国主義（リュクルゴス制）・鎖国
奴隷	家内奴隷中心	ヘイロータイとベリオイコイ

 アテネ民主政の進展

　アテネにおいては当初，武器を自分で調達できた貴族が戦争で活躍し，参政権を有した。だが，商工業の発達とともに富裕な平民が増加すると，彼らは重装歩兵として活躍し，貴族に対して参政権を要求するようになった。

アテネ民主政の進展

政治家	時期	内容
ドラコン	前7世紀	・慣習法の成文化
ソロン	前594	・債務奴隷の禁止 ・財産政治
ペイシストラトス	前6世紀中頃	・平民の支持を背景に僭主（せんしゅ）政治を確立
クレイステネス	前508	・陶片追放（オストラキスモス）を実施

イオニア人・ドーリア人
ともにギリシア人の一派。特にドーリア人は鉄器を持って北部からギリシアに南下。

ヘイロータイ
ヘロットとも。スパルタの隷属農民。市民よりもはるかに多い。

ベリオイコイ
スパルタの周辺民。主に商工業に従事し，参政権を有しなかった。

重装歩兵
重装備の歩兵で，主に密集隊形で戦った。

財産政治
財産額で政治参加の度合いを決定する制度。

僭主
非合法な支配者。

陶片追放（オストラキスモス）
陶片（オストラコン）に僭主になる恐れのある人物を記して投票する制度。

 **ペルシア戦争**

　ギリシア世界が最初に直面した危機が，東方の大帝国，アケメネス朝ペルシアとの戦いであった。イオニア人植民市ミレトスがペルシアに反乱を起こしたことをきっかけに勃発したこのペルシア戦争は，前500年から前449年まで続いた。

アケメネス朝ペルシア
前550年に成立し，その後オリエントを統一したペルシア人の帝国。最盛期はダレイオスⅠ世。

ペルシア戦争の展開

戦い	時期	内容
マラトンの戦い	前490	アテネの重装歩兵が活躍→ペルシア撃退
サラミスの海戦	前480	テミストクレスの指導下で無産市民活躍
プラタイアの戦い	前479	アテネ・スパルタ連合軍がペルシアに勝利

無産市民
本来，武器を自分で調達できなかった市民であるが，軍船の漕ぎ手として活躍し，その活躍から戦後，参政権を要求した。

 アテネ民主政の最盛期と衰退

　ペルシア戦争後，アテネでは政治家のペリクレスが民主政を完成させた。民主政の中心組織としては，民会が機能した。なお，民主政というものの，現代の民主政とは異なった点も多い。

ペリクレス
前495～前429。アテネ全盛期の政治家。古代民主政を完成させた。

民会
古代ギリシアにおける最高議決機関。

アテネ民主政の特徴

①官職は抽選で選抜された。

②奴隷制度を前提としている。

③直接民主政である。

④アテネ市民の成人男性に参政権があり，女性にはない。

直接民主政
代議制をとらず，構成員が全員，政治的決定に参加する政治。

ところが，前5世紀になると，ギリシア世界内に不和が生じる。アテネが中心となって築いたデロス同盟と，スパルタ中心のペロポネソス同盟が対立を始め，ペロポネソス戦争が勃発した（前431年）。この戦争はスパルタが勝利したが，その後もポリス間の抗争は泥沼化した。

前4世紀後半に北方のマケドニア王国が台頭し，フィリッポス2世はギリシアの諸ポリスを支配下に置いた。ここに共和政の時代は終焉した。

共和政ローマの出発

ギリシアでポリスが勃興する一方，前8世紀のイタリア半島ではラテン人が都市国家ローマをつくった。ローマもまた共和政をとり，国内では貴族（パトリキ）と平民（プレブス）の身分に分かれた。なかでも平民は，参政権を求めて貴族に対して身分闘争を展開した。

デロス同盟
前478年にペルシアの再来に備えてアテネを盟主として築かれた軍事同盟。アテネがその資金を私的流用し，批判が強まった。

マケドニア王国
ギリシアの北方の王国。前4世紀に強国化し，特にフィリッポス2世とアレクサンドロス大王の活躍で知られる。

貴族（パトリキ）
国政の最高機関である元老院議員を輩出し，最高政務官のコンスルも独占した。

平民（プレブス）
ギリシアと同じく，重装歩兵で活躍し，参政権を要求した。

ローマの身分闘争

制度	時期	内容
十二表法	前450頃	慣習法を成文化する
リキニウス・セクスティウス法	前367	①コンスルの1名を平民から選出する ②大土地所有に制限をかける
ホルテンシウス法	前287	平民会の決議が元老院の承認なく国法となる

ポエニ戦争から内乱の1世紀へ

　ローマが前272年にイタリア半島を統一すると, 次いで地中海周辺地域へと侵略を進めた。その過程でフェニキア人と衝突して勃発したのが, 3次に渡るポエニ戦争である。この戦争に勝利したローマは地中海全域に支配領域を拡大した。

　しかし長引く戦争は, 中小農民の没落を生み出し, ローマは内乱の1世紀に突入する。元老院が機能せず, 代わりに有力政治家が国政を左右した。

「内乱の1世紀 (前133〜前27)」の主な事項

出来事	内容
グラックス兄弟の改革	リキニウス・セクスティウス法復活をめざすも, 失敗
政争とローマへの反攻	平民派・閥族派対立, 同盟市戦争, スパルタクスの乱
第1回三頭政治	勝者カエサル→暗殺
第2回三頭政治	勝者オクタウィアヌス

帝政ローマの成立

　前27年にオクタウィアヌスはアウグストゥスとなり, 事実上の独裁体制を敷いた (元首政)。この帝政開始から約200年間は「ローマの平和」と呼ばれ, ローマは繁栄期を迎えた。

フェニキア人
セム系民族で前12世紀以降, 東地中海沿岸地域に都市国家を多く築き, 地中海貿易に従事した。

平民派・閥族派
平民派は民衆に支持された一派で, マリウスが有名。一方閥族派は元老院に支持された一派で, スラが有名。

同盟市戦争
前91〜前88年。市民権を有していなかった同盟市がローマに対して起こした反乱。

スパルタクスの乱
剣奴のスパルタクスがローマに対して起こした反乱。

カエサル
前100〜前44年の平民出身の政治家・軍人。

オクタウィアヌス
カエサルの姪の子で養子。前27年に元老院からアウグストゥス (尊厳者) の称号を受け, ローマ初代皇帝になる。

元首政
形式的に元老院など共和政の伝統を重んじるが, 実態は帝政である状態。

元首政期と「ローマの平和」期の主な皇帝

皇帝名	出来事
トラヤヌス帝	「五賢帝時代」の２番目の皇帝。帝国の領土が最大になる
マルクス帝	本名マルクス＝アウレリウス＝アントニヌス。ストア派の哲学者でもあり『自省録』を記す

 ローマ帝国の衰退から滅亡へ

　繁栄期を迎えたローマであったが，3，4世紀に入るとササン朝やゲルマン人の侵入などが発生し，状況が一変する。帝国内では軍人皇帝が乱立し，ローマは混乱期へと入る。

　3世紀後半にはディオクレティアヌス帝がこの混乱を鎮め，専制君主政を開始した。続くコンスタンティヌス帝は都をコンスタンティノープルに遷し，キリスト教を公認したが，375年のゲルマン人大移動などにより帝国は混乱し，テオドシウス帝の死後395年に帝国は西ローマ帝国と東ローマ帝国に分裂した。その後，西ローマは476年まで，東ローマは1453年まで続くことになる。

3　十字軍

　中世ヨーロッパを代表するキリスト教徒の運動に十字軍がある。十字軍とは，聖地イェルサレム

ストア派
ゼノンに始まる哲学で，禁欲主義を説く。

ササン朝
3世紀に成立したイラン系王朝。

ゲルマン人
バルト海沿岸部を居住地としたインド＝ヨーロッパ語族。

軍人皇帝
3世紀に広がった，各地の軍隊に勝手に擁立された皇帝をさす。

専制君主政
官僚と軍隊を権力基盤とし，皇帝権を絶対とした政体。元首政と異なり，共和政の伝統は消失した。

キリスト教を公認
イエスが教祖となるキリスト教が1世紀に成立するが，当初はローマで迫害されていた。テオドシウス帝の時代には国教として認可。

イェルサレム
ローマ帝国時代にキリスト教徒の中心都市となったが，その後7世紀にイスラーム教徒が奪回した。キリスト教，イスラーム教，ユダヤ教の聖地。

をイスラーム教徒から回復する運動である。1095年にローマ教皇のウルバヌス2世がクレルモン宗教会議においてその遠征を提唱した。

主な十字軍運動

回	年	内容
1	1096～99	聖地イェルサレムを奪回 →イェルサレム王国建国
3	1189～92	イスラーム王朝のアイユーブ朝サラディンにイェルサレムを奪回されたため，最大規模の軍を送った
4	1202～04	教皇インノケンティウス3世が提唱。ヴェネツィア商人が商敵コンスタンティノープルを占領。当初の目的から外れた「脱線十字軍」
7	1270	仏王ルイ9世主導の最後の十字軍。失敗に終わる

この遠征の失敗で，次のような影響が起きた。
①騎士が没落した一方，王権が強化された。
②教皇の影響力が衰退した。
③都市や商業が発達した。
④ビザンツ・イスラーム文化が西欧に及んだ。

ウルバヌス2世
在位1088～99。クリュニー修道院出身のローマ教皇。イスラーム王朝セルジューク朝の襲撃を受けたビザンツ皇帝から救援を頼まれ，十字軍派遣を決定。

サラディン
在位1169～93。アイユーブ朝の創始者。その勇猛さや公正さは敵対したキリスト教徒間でも有名であった。

インノケンティウス3世
在位1198～1216。イギリス王ジョンや仏王フィリップ2世を破門するなど，教皇権の絶頂期を築く。

No.1 古代ギリシアおよびローマに関する記述として，妥当なのはどれか。　　　　　　　　　　　　　　　　【東京都】

1　紀元前6世紀になると，ギリシア各地にポリスと呼ばれる都市国家が成立し，ポリスでは，奴隷と傭兵がポリスの防衛の主力となった。

2　紀元前5世紀前半のペルシア戦争の後，ギリシアのポリスの一つであるアテネでは，青年男性の市民全体が民会に参加する直接民主政が行われた。

3　紀元前4世紀頃，イタリア半島では，ラテン人による都市国家であるローマ帝国が建設され，ローマ帝国は，強力な軍事力で地中海地域を統一した。

4　紀元前1世紀にローマ帝国で皇帝として頭角を現したカエサルが暗殺された後，後継者のオクタウィアヌスは帝国を東西に分割し，自らは東側の正帝に即位した。

5　東西のローマ帝国にゲルマン人の侵入が相次ぐ中，4世紀末には西ローマ帝国が滅亡し，5世紀後半には東ローマ帝国も滅亡した。

No.2 古代のギリシアやローマに関する記述として最も妥当なのはどれか。　　　　　　　　　　　　　　　　　　　【国家一般職／税務／社会人】

1　ギリシアでは，紀元前8世紀頃に大西洋沿岸にポリスが建設された。ポリスでは，周囲が城壁で囲まれ，各地との交易は制限された。

2　ギリシアでは，紀元前5世紀頃にアテネで，平民による共和政が始まった。その後，貴族の政治参加が進み，平民と貴族による直接民主政に移行した。

3　ローマでは，アレクサンドロスが，北アフリカの商業国家カルタゴを破

り，ギリシアとマケドニアを征服するなど，領土を広げた。

4 ローマでは，カエサルが独裁権を握るが，共和派に暗殺された。その後，オクタウィアヌスがアウグストゥスの称号を受け，元首政が開始された。

5 ローマでは，キリスト教が生まれた。キリスト教徒は，コンスタンティヌス帝の時代に激しい迫害を受け，カタコンベと呼ばれる地下墳墓に幽閉された。

正答と解説

No.1 の解説

1✕ ポリスの成立は紀元前6世紀頃。**市民（貴族・平民）と奴隷**で構成された。ポリスの防衛は市民が主力であった。

2〇 アテネの民主政はペリクレスが中心となって行った。

3✕ ローマが帝国となるのは前27年，**オクタウィアヌス**による。

4✕ ローマ帝国の分割は286年，**ディオクレティアヌス**による。

5✕ 東ローマ帝国の滅亡は1453年，**オスマン帝国**による。

No.2 の解説

1✕ ギリシアのポリスは**エーゲ海沿岸**に作られ，交易が盛ん。市街地は城壁で囲まれていたが，周囲の田畑含めてポリスのため誤り。

2✕ 市民の成年男子による**直接民主政**が完成していた。

3✕ アレクサンドロスはマケドニア王で東方遠征を行った。

4〇 アウグストゥスとは，尊厳者という意味。

5✕ コンスタンティヌス帝はミラノ勅令で**キリスト教を公認**した。カタコンベでは，迫害を逃れて密かに信仰が守られた。

テーマ 02 西洋近代

- 近代史の幕開けとなった大航海時代と宗教改革について，その意義を押さえよう。
- 特に17世紀以降は，勢力拡大の著しいイギリスの展開を中心に理解を進めたい。

1 ルネサンス

古代ギリシア・ローマ時代を模範としたルネサンスの時代に生まれた諸作品をまとめよう。

イタリア＝ルネサンス

	人物	作品名
文学	ダンテ ボッカチオ	『神曲』（トスカナ語叙述） 『デカメロン』
絵画彫刻	ボッティチェリ レオナルド＝ダ＝ヴィンチ ミケランジェロ ラファエロ	『ヴィーナスの誕生』『春』 『最後の晩餐』『モナリザ』 『最後の審判』, ダヴィデ像 聖母子像

他国のルネサンス

	人物	作品名
蘭	エラスムス ブリューゲル	『愚神礼賛』 『農民の踊り』
独	デューラー	『四使徒』
仏	ラブレー	『ガルガンチュア物語』
西	セルバンテス	『ドン＝キホーテ』

ルネサンスとはフランス語で「再生」の意味。古代ギリシア・ローマを模範とした文芸復興運動。イタリアで開花し，その後ヨーロッパ諸国へ波及したよ。

セルバンテス

1547～1616。スペイン文学史上最大の文豪。レパントの海戦に参戦したことでも知られる。

	人物	作品名
英	チョーサー トマス＝モア シェークスピア	『カンタベリ物語』 『ユートピア』 『ハムレット』

2 大航海時代

　15 世紀末になると，香辛料の需要の高まりやマルコ＝ポーロの著作の影響を受け，ヨーロッパの人々は海外進出に乗り出した。その先陣を切ったのはポルトガルであった。

ポルトガルによるインド航路開拓

人物	年代	業績
エンリケ	15 世紀前半	アフリカ西岸の探検
バルトロメウ＝ディアス	1488	喜望峰に到達
ヴァスコ＝ダ＝ガマ	1498	インドのカリカットに到達

　15 世紀末に入ると，ヨーロッパから大西洋を周りインドをめざす西回り航路が開拓された。その過程でアメリカ大陸も発見される。

シェークスピア
1564 〜 1616。イギリスを代表する劇作家・詩人。『ハムレット』『オセロ』『リア王』『マクベス』の四大悲劇が有名。

マルコ＝ポーロ
1254 〜 1324。ヴェネツィアの商人で，元代の中国を訪れる。著作『世界の記述』では黄金の国ジパングなどを紹介した。

ヴァスコ＝ダ＝ガマ
1469 頃 〜 1524。アフリカ南端を周り，その後イスラーム教徒の案内でインド南西岸のカリカットに到達した。

アメリカ大陸到達と世界周航

人物	年代	業績
コロンブス	1492	西インド諸島（新大陸）到達
マゼラン一行	1519 〜 22	世界周航

　この大航海時代以降，世界の一体化が進み，商業革命・価格革命が生じることとなった。

3 宗教改革

　16 世紀のヨーロッパでは，各地域でキリスト教カトリック教会に対する批判と，そこからの改革の動きが生じた時代でもあった。その発端となったのは，ドイツのルターによる宗教改革であった。ルターは，当時のローマ教皇レオ 10 世が，贖宥状販売を行っていたことに対し，『九十五か条の論題』を発表して批判した。ルターの主張は信仰義認説と聖書主義であったが，最終的に 1555 年に結ばれたアウクスブルクの宗教和議においてルター派の信仰が容認された（プロテスタント／新教の誕生）。このような宗教改革は，ヨーロッパ諸国でさまざまな形で発生した。

コロンブス
1451 頃 〜 1506。ジェノヴァ生まれの航海者。トスカネリの地球球体説に基づき，スペイン女王の援助で航海に出た。

マゼラン一行
マゼラン（1480 頃 〜 1521）は南アメリカ南端から太平洋に出るも，その後フィリピンで現地人に襲撃され死去した。その後部下が世界周航を達成した。

商業革命
ヨーロッパ経済の中心が北イタリア諸都市から大西洋岸の諸都市に移行したことをさす。

価格革命
アメリカ大陸から大量の銀がヨーロッパに流入し，銀貨の価格の下落と物価の高騰が起きたこと。

ルター
1483 〜 1546。ヴィッテンベルク大学神学部教授。

贖宥状販売
その目的は，サン＝ピエトロ大聖堂修築資金の回収であった。

信仰義認説
「人は内面的な信仰によってのみ救われる」という考え方。

各国の宗教改革

国	人物	改革内容
スイス	ツヴィングリ	チューリヒで改革開始
	カルヴァン	ジュネーヴで改革。予定説提唱
イギリス	ヘンリ8世	首長法→イギリス国教会設立
	エリザベス1世	統一法→イギリス国教会定着

予定説

魂の救済は，あらかじめ神によって定められているという説。

ヘンリ8世

在位 1509 ～ 47。王妃との離婚問題で教皇と対立し，これを機にイギリス国王を教会の首長とするイギリス国教会を設立した。

エリザベス1世

在位 1558 ～ 1603。イギリス絶対王政の全盛期を実現した。

4 絶対主義下の戦争

　16 ～ 18 世紀に形成された主権国家において，君主が圧倒的な支配権力を持つ政治体制を絶対王政という。その成熟期は国によって差異があり，早期にはポルトガルやスペイン，続いてイギリスとフランス，そしてロシア・プロイセン・オーストリアとつながっていった。絶対王政期に繰り広げられた，諸国家間の主な戦争をまとめてみよう。

主権国家

勢力均衡の原則に立ち，明確な領域と独立した主権を持つ近代国家。

絶対主義下の主な戦争

戦争名	年	概要
オランダ独立戦争	1568 ～ 1609	スペイン王フェリペ2世の圧政に反発し，オランダが独立

フェリペ2世

在位 1556 ～ 98。父のカルロス1世よりスペイン・オランダ・新大陸の広大な植民地を継承し，スペイン絶対王政の全盛期を築く。

戦争名	年	概要
ユグノー戦争	1562～98	フランスの宗教戦争。新教徒アンリ4世自ら旧教に改宗するナントの王令発布
三十年戦争	1618～48	ベーメン反乱を契機に，ヨーロッパ諸国を巻き込む近世最大の宗教戦争へ。ウェストファリア条約で終結
北方戦争	1700～21	バルト海の覇権を巡り，ロシアのピョートル1世がスウェーデンを破る
オーストリア継承戦争	1740～48	オーストリアのマリア＝テレジアによるハプスブルク家相続にプロイセンのフリードリヒ2世が異議。家督は相続されるもオーストリアはシュレジエンを失う
七年戦争	1756～63	オーストリア継承戦争の復讐戦争。結果，プロイセンのシュレジエン領有確定

ナントの王令
1598 年に発布。新教徒に旧教徒とほぼ同等の権利を与え，個人の信仰の自由を承認した。

ウェストファリア条約
1648 年に発布。カルヴァン派の公認やスイス・オランダの国際的承認などが確定した。

ピョートル1世
在位 1682 ～ 1725。ロシアの絶対王政を築く。ロシアの西欧化に尽力し，アゾフ海の獲得や中国との国境画定を行った。

マリア＝テレジア
在位 1740 ～ 80。オーストリアの女帝。国内の中央集権に努める。王女の1人はマリ＝アントワネット。

シュレジエン
オーデル川流域の鉱工業が栄えた地域。

5 ヨーロッパ列強の植民活動

　16 世紀に入るとヨーロッパ諸国は海外領土を獲得するために精力的に海外進出した。特に大航海時代に躍進した国家がその主導権を握り，各国に以下のように植民地形成を進めていった。

西ヨーロッパ諸国の植民活動

国名	植民した都市
ポルトガル	ゴア（1510），マカオ（1557），ブラジル（1500）
スペイン	マニラ（1571）
オランダ	バタヴィア（ジャカルタ）（1619）
イギリス	カルカッタ（1690），ヴァージニア（1607）
フランス	カナダ（ケベック中心）（1608），ルイジアナ（1682）

　さらに，17世紀には海外植民地を巡ってヨーロッパ諸国間で植民地戦争が繰り広げられた。

主な植民地戦争

戦争名	年	概要
アンボイナ事件	1623	オランダがイギリスをモルッカ諸島より追放し，オランダが香辛料貿易を独占
イギリス＝オランダ戦争	17世紀後半	クロムウェルの航海法発布がきっかけとなり勃発。イギリスが新大陸におけるオランダ領と海上権掌握
スペイン継承戦争	1701 ～ 13	ルイ14世が孫をスペイン王位につけたことに反発したオーストリアやイギリスなどとの争い。ユトレヒト条約で終結

ブラジル
アメリカ大陸における唯一のポルトガル領となった。

マニラ
フィリピンのルソン島の中心都市。スペインのレガスピによって建設された。

ルイジアナ
ミシシッピ川流域の広大な地域。ルイ14世にちなむ。のちにスペインやイギリスなどに分割され，現在のルイジアナ州は，かつてルイジアナと呼ばれた地方の一部である。

モルッカ諸島
インドネシア東部の諸島で香辛料の産地。なおアンボイナはモルッカ諸島の一部である。

航海法
1651年発布。イギリスに寄港する船を，イギリス船と積荷を生産した国の船に限定した。中継貿易主体のオランダを抑えるのが目的。

戦争名	年	概要
フレンチ＝インディアン戦争	1754〜63	北アメリカの支配を巡り七年戦争と並行してイギリス・フランス間で行われた。パリ条約で終結
プラッシーの戦い	1757	イギリス東インド会社軍がフランス軍を圧倒し，インドでの優位を確立

まず16世紀にはスペインとポルトガルが力を持っていたが，17世紀前半になるとスペインから独立したオランダが台頭し，覇権国家となった。

しかし，その後イギリスとフランスの両国が絶対主義体制下で台頭すると，両者は新大陸やインドにおいて抗争した。最終的にこれらの戦争に勝利したイギリスは，18世紀後半より植民地帝国の樹立を進めていった。

6 市民革命

市民革命とは，封建社会や国王主体の絶対王政に対し，市民による政治支配をめざすものである。この革命を通じ，身分制の廃止・議会制民主主義の確立・経済的自由の獲得などが実現した。

市民革命には，特にイギリス革命・アメリカ独立革命・フランス革命の3つが挙げられる。

ユトレヒト条約
この条約により，ルイ14世の孫フェリペ5世はフランス王位継承権を放棄した。また，フランスはジブラルタル・ミノルカ島・北アメリカ植民地の一部をイギリスに譲渡し，イギリスの優位が確定した。

パリ条約（1763）
イギリスはカナダ・ルイジアナ東部をフランスから奪い，フランス勢力を北アメリカから一掃した。

イギリス東インド会社
1600年にエリザベス1世により，インド・東南アジアとの貿易を目的に設立。貿易独占権と強大な武力を有し，19世紀までの全インドにおける植民地支配の主体となった。

封建社会
封土の給与とその代償としての奉仕を基礎として成立する，各身分間の主従関係に基づく統治制度。中世ヨーロッパに特徴的な社会。

イギリス革命 （1640 ～ 60 年）

イギリス革命は，イギリスの絶対主義体制を崩壊させた革命で，ピューリタン革命とも呼ばれる。世界で最初の市民革命ともみなされる。

背景には，専制政治を行う国王と議会の対立があった。1603 年にステュアート朝のジェームズ 1 世が即位すると，王権神授説を信奉し，イギリス国教会を国民に強制した。続くチャールズ 1 世もまた専制政治を行ったため，議会が「権利の請願」を提出 （1628） するも，国王は強権で議会を解散した。さらに，スコットランドの反乱を鎮圧するための戦費を調達しようとして議会を招集した。

このような動きに反発した勢力のうち，議会派のクロムウェルにより 1649 年にチャールズ 1 世は処刑された。こうしてイギリス史上初めての共和政が成立したが，実態はクロムウェルの独裁であった。クロムウェルが死去すると，国民の不満が噴出し，王政復古へと向かった。

アメリカ独立革命 （1775 ～ 83 年）

アメリカ独立革命の背景には，イギリスの重商主義政策があった。イギリスは北米植民地を市場・原料供給地としてとらえ，重商主義政策を強化した。

王権神授説
国王の権力が神から授けられた神聖不可侵なものとする政治思想。

「権利の請願」
議会による同意なしの課税や不法逮捕などに反対した請願。これをチャールズ 1 世は無視し，議会を解散して無議会状態を招いた。

重商主義政策
国家が経済活動に積極的に介入する政策。絶対王政時代に主流。

主な重商主義政策

法律名	内容
印紙法 (1765)	植民地で発行されるすべての印刷物への印紙貼りを義務化 ⇔「代表なくして課税なし」
茶法 (1773)	東インド会社に植民地での茶の独占販売権を与える ⇒ボストン茶会事件の発生

このようにイギリスと植民地が対立する中，植民地側は大陸会議を開催し，独立革命へ突入した。

独立革命の展開

出来事	内容
レキシントンの戦い（1775）	独立戦争の開始となる。ワシントンが総司令官となる
『コモン＝センス』（1776）	トマス＝ペインが独立の必要性を説く
独立宣言 （1776）	トマス＝ジェファソン起草。基本的人権・革命権の記載
ヨークタウンの戦い（1781）	植民地とフランスの連合軍がイギリスに勝利
パリ条約 （1783）	13 植民地の独立を承認

独立後のアメリカでは，1787 年に憲法制定会議が開かれ，三権分立の原則や人民主権に基づく共和政，そして連邦主義を特色とするアメリカ合衆国憲法が成立した。

「代表なくして課税なし」
本国イギリスの議会に植民地の代表がいないので，本国議会が植民地に課税する権利がないとする論理。

ボストン茶会事件
1773 年に発生。ボストン港に入港した東インド会社船に積まれていた茶を，反対者が海中に投棄した事件。

ワシントン
独立戦争を戦い抜いた後，初代アメリカ合衆国大統領就任（任 1789 ～ 97）。

トマス＝ジェファソン
ワシントン大統領のもとで国務長官を務め，のちに第 3 代アメリカ合衆国大統領就任（任 1801 ～ 09）。

革命権
イギリスの思想家ロックが主張した権利。人民により信託された政府によって権力が不当行使された際，人民が抵抗する権利のこと。

連邦主義
連邦政府の権力を強化しようとする主張。主に共和党が主張。

フランス革命（1789〜99年）

フランス革命は，旧来から続いていた絶対王政の矛盾に根差して起こった。

革命前のフランスの政体を**アンシャン＝レジーム**（旧制度）と呼び，経済格差が主問題であった。

アンシャン＝レジーム（旧制度）

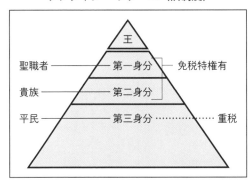

このような中，ルイ16世がアメリカ独立戦争に参戦し，フランスの財政破綻が決定的となった。テュルゴーやネッケルら財務総監による改革も特権身分の反対で失敗し，三部会が開催された。

第一身分は総人口2500万人のうち約12万人，第二身分は約40万人で，残りの第三身分は総人口の約98%を占めていました。

テュルゴー
重農主義の経済学者で自由主義的改革を図るも失敗。

ネッケル
銀行家。公債発行や税負担の公平化をめざすも反対にあい失敗。

三部会
フランスの身分制議会。14世紀に開かれるも17世紀以降停止していた。

フランス革命の展開

	年	展開
国民議会	1789.5	三部会開催⇒議決方式で対立
	6	第三身分，国民議会結成
	7	バスティーユ牢獄襲撃⇒フランス革命の開始
	8	人権宣言（ラ＝ファイエット起草）
	10	ヴェルサイユ行進…国王一家，テュイルリー宮殿へ連行
	1791.6	ヴァレンヌ逃亡事件⇒失敗し，国王の信頼失墜
立法議会	10	立法議会招集⇒フイヤン派・ジロンド派対立
	1792.8	8月10日事件…王権を停止
	9	ヴァルミーの戦い…オーストリア・プロイセン軍に勝利
国民公会	9	国民公会成立，王政廃止宣言
	1793.1	ルイ16世処刑⇒対仏大同盟結成
	6	ジャコバン派独裁開始
	1794.7	テルミドール9日のクーデタ⇒ロベスピエールを逮捕・処刑
総裁政府	1795.8	総裁政府の樹立
	1796～	ナポレオンのイタリア遠征
	1799.11	ブリュメール18日のクーデタ⇒ナポレオンが総裁政府打倒

　以上のようなフランス革命を経て台頭したナポレオンがその後皇帝に即位し，第一帝政が始まる。

バスティーユ牢獄襲撃
武装したパリ市民が襲撃・占領。地方の農民反乱を誘発した。

人権宣言
人間の思想・言論・信教の自由，権利の平等などを説く。

ラ＝ファイエット
フランスの自由主義貴族。アメリカ独立戦争も義勇兵として参加。

フイヤン派・ジロンド派
フイヤン派は立憲君主派。ジロンド派は穏健共和派。

8月10日事件
都市民衆らによるテュイルリー宮殿襲撃事件。

ジャコバン派
急進共和派。ロベスピエールを中心に独裁の恐怖政治を進めた。

7 イギリス産業革命

18世紀後半のイギリスで始まった，機械を用いた工場や蒸気力の利用を主とした技術革新と，それに伴う社会変化を産業革命という。

イギリス産業革命の主な要因

要因	説明
農業革命と労働力創出	第二次囲い込みなどによる穀物増産で，人口が増加していた
資本の蓄積	マニュファクチュアや商工業の発達に伴い資本が蓄えられていた
海外市場	広大な植民地が市場となった
地下資源	石炭や鉄鉱石に恵まれていた

産業革命の発端は，綿織物工業部門から始まった。これは，ヨーロッパでインド産の綿布の需要が高まったことが背景にあり，それと並行して鉄工業や石炭業も発達した。

第二次囲い込み
境界の明確でない耕地や共同利用地を塀などで囲い込む運動。新農法実施のために，合法的に行われた。

マニュファクチュア
資本家が工場に労働者を集め，分業により生産を行う手工業のこと。

産業革命期における主な発明

発明	人物
飛び杼	ジョン＝ケイ
多軸（ジェニー）紡績機	ハーグリーヴズ
力織機	カートライト
蒸気機関の改良	ワット
蒸気機関車の実用化	スティーヴンソン
蒸気船	フルトン

飛び杼

織布機械の部品。布を織る際に縦糸に横糸を通す作業を自動化し，織布工程の能率を向上させた。

マンチェスターはイングランド中西部の工業都市。木綿工業都市となりました。

この産業革命により，イギリスでいち早く資本家が活躍し，新興都市（例：マンチェスターなど）が成立した。一方，社会・労働問題も発生し，ラダイト運動などが発生した。

ラダイト運動

機械制工場の出現で現れた失業者たちによる機械打ちこわし運動。

8 ウィーン体制

フランス革命とそれに続くナポレオン戦争により乱れたヨーロッパの秩序を回復させるために，1814 年よりウィーン会議が開催された。主導者はオーストリア代表のメッテルニヒとフランス外相のタレーランである。

ウィーン会議では，勢力均衡と正統主義が原則とされ，対外的には自由主義やナショナリズムを抑制する保守反動体制であった。最終的にウィーン議定書によりヨーロッパ諸国の領土変更などが決定された（ウィーン体制）。

ナポレオン戦争

1796 〜 1815 までナポレオンによって展開された一連の戦争。当初は防衛戦争であったが，侵略戦争へと変質。

正統主義

フランス革命前の主権と領土を正統とし，革命前の状態への回帰をめざすこと。

　ヨーロッパ各地では，ウィーン体制を揺るがすような反乱が諸地域で勃発するも鎮圧された（例：ドイツのブルシェンシャフト運動，イタリアのカルボナリによる蜂起など）。

　しかし，ラテンアメリカ諸国の独立運動やギリシア独立戦争などの成功は，ウィーン体制を大きく動揺させた。さらに 1830 年にフランスで七月革命が起こると，ベルギー・ポーランド・ドイツ・イタリアなどで反乱が頻発した。結果的にベルギー独立は成功したものの，ほかの地域での反乱は鎮められた。

　1848 年にフランスで二月革命が起こると，それに続くようにヨーロッパ各地の自由主義・ナショナリズム運動が起こった（「諸国民の春」）。これらを総称して 1848 年革命と呼び，1848 年革命によってウィーン体制は崩壊した。

1848 年革命

フランス二月革命	国王ルイ＝フィリップ亡命。第二共和政移行
ウィーン三月革命	メッテルニヒが亡命
ベルリン三月革命	憲法制定議会を弾圧
ハンガリー民族運動	ロシア軍に鎮圧される
ベーメン民族運動	オーストリアが鎮圧
イタリア民族運動	ローマ共和国⇒崩壊

ブルシェンシャフト運動

ドイツの自由と統一を求めた大学生の組合。メッテルニヒが弾圧。

カルボナリ

イタリアで結成された秘密結社。立憲・自由主義運動を進めるも，オーストリア軍が鎮圧。

ラテンアメリカ諸国の独立運動

アメリカ独立革命やフランス革命の影響を受け，1804 年のハイチ独立をきっかけに続く。

七月革命

ブルボン朝を打倒し，七月王政を成立させた革命。

第二共和政

1848 〜 52。政情は不安定であり，最終的に 1851 年のルイ＝ナポレオンによるクーデタにより崩壊。第二帝政へ。

ローマ共和国

共和主義信奉者のマッツィーニらがローマに樹立した共和国。ルイ＝ナポレオンが派遣したフランス軍によって崩壊した。

No.1

イギリスの産業革命に関する記述として，妥当なのはどれか。
【東京都】

1 イギリスの産業革命は，蒸気機関を利用した力織機をフルトンが発明したことにより，綿織物工業から始まった。

2 多くの農民が都市に移動して工場労働者となり，都市の人口が急増したが，都市の治安や衛生状態は良好で，労働者の生活環境は快適であった。

3 産業革命が始まると，工場の機械化により，工場で働く女性や子どもは，低賃金で長時間の労働からすべて解放された。

4 産業革命の進行に伴って交通も発達し，スティーヴンソンが蒸気機関車を実用化すると，その後，主要都市を結ぶ鉄道網が整備された。

5 貿易で利益を得ていた商人や大農場を経営する地主たちは，急激な工業化の進行に反対し，機械を打ちこわす，ラダイト運動を展開した。

No.2

次のA～Cは，ヨーロッパの遠隔地貿易に関する記述であるが，これらを古いものから年代順に並べたものとして，妥当なのはどれか。
【地方初級】

A：オランダはバルト海での中継貿易で富を蓄え，東インド会社を設立して東南アジアにまで進出した。

B：ポルトガルはインド航路の開拓に成功し，香辛料の直接取引を行い莫大な利益を王室にもたらした。

C：イギリスは毛織物の原料である羊毛をフランドルに輸出して，ロンドンは北海貿易の中心として繁栄した。

1 A → B → C

2 A → C → B

3 B → A → C

4 C → A → B

5 C → B → A

正答と解説

No.1 の解説

1✕ イギリスの産業革命のきっかけは，ジョン＝ケイの飛び杼である。

2✕ 都市の治安や衛生状況は悪く，労働者の生活環境は劣悪だった。

3✕ 機械化は単純作業を可能とし，女性や子どもに労働を強制した。

4○ マンチェスター・リヴァプール間の旅客鉄道が開通した。

5✕ 生活基盤を失った手工業者たちがラダイト運動を起こした。

No.2 の解説

A：16〜17世紀。スペインの支配下にあったが，1581年に北部7州がネーデルラント連邦共和国（オランダ）として独立を宣言した。1648年のウェストファリア条約によって独立が国際的に承認された。

B：15〜16世紀。ヴァスコ＝ダ＝ガマが香辛料を求めてアフリカ西海岸を南下，喜望峰を迂回し，1498年インド西岸のカリカットに到達した。

C：11〜12世紀。十字軍の影響などで交通が発達し，遠隔地貿易が発達した。地中海商業圏，次いで北海・バルト海を中心とした北ヨーロッパ商業圏が成立し，ロンドンは北海貿易の中心として繁栄した。

したがって，古い順からC→B→Aとなり，正答は5である。

テーマ 03

西洋現代

・国際関係が複雑化する時代なので，諸国間関係に注意して理解したい。
・なかでも，ヨーロッパ中心の列強が，植民地を拡大する（帝国主義）動きを注視したい。

1 ヨーロッパ諸国のアジア進出

　19世紀に入ると，ヨーロッパ列強を中心としてアジアの植民地化が進んでいった。このような動きを帝国主義という。以下，アジア諸地域別に，列強の動向とアジアの植民地化を整理しよう。

列強とは国際政治において力を振るう，諸強国をさす。

西アジアへの列強の進出

　小アジアからバルカン半島，そして中東・東欧・北アフリカを支配していたオスマン帝国であったが，17世紀末から衰退期に入る。具体的には1699年にオーストリアと締結したカルロヴィッツ条約や18世紀からのロシアの侵入などである。

　ロシアはオスマン帝国だけでなく，イランにも侵入した。1828年，イランのカージャール朝とトルコマンチャーイ条約を結び，治外法権を認めさせ，アルメニアを割譲させた。またイランにはタバコ＝ボイコット運動に代表されるように，イギリスの利権も入り込んでいた。イギリスはロシアの動きを警戒し，アフガニスタンを攻め，保護国とした。

オスマン帝国
1299～1922。イスラーム史上最大の世界帝国。最盛期は16世紀。

カルロヴィッツ条約
オーストリアにハンガリーの大部分を割譲した条約。

タバコ＝ボイコット運動
1891年に起こったイギリス人がイランにおけるタバコ専売権を得たことに反対するタバコ不買運動。

南アジアへの列強の進出

　イギリスによるインド（ムガル帝国）侵略は，フランスとの間で植民地争奪戦を繰り広げていた**イギリス東インド会社**が，1757年のプラッシーの戦いでこれを破り，インドの植民地化を進めたのが発端である。インドにイギリス製の綿布が大量に流入すると，現地の木綿手工業は破壊され，代わりに綿花などの原料供給地としての役割を担う立場を強制された。このような中，反イギリスのインド大反乱が起こるが鎮圧され，ヴィクトリア女王を初代皇帝とする英領インド帝国が成立した。

 東南アジアへの列強の進出

　大航海時代より続いて，東南アジアにも列強の進出が相次ぎ，タイ以外の諸国が植民地化された。

東南アジアの植民地化

イギリス	ビルマ（1886），マレー連合州（1895）
フランス	フランス領インドシナ連邦（1887）
オランダ	オランダ領東インド（1824確定）
スペイン	フィリピン（1898年にアメリカ領）

ムガル帝国
1526〜1858。インド中世最大のイスラーム国家。17世紀半ばに領土は最大になるが，その後分裂した。

イギリス東インド会社
1600年設立。アジアの貿易や植民を独占する特権的な貿易会社。

インド大反乱
1857〜59。イギリスのインド人傭兵（シパーヒー）が起こした反乱。この反乱中にイギリスはムガル帝国を滅ぼし，また東インド会社を解散した。

フランス領インドシナ連邦
カンボジア・ベトナム・ラオスから成る。

オランダ領東インド
17世紀初めから建設された，ほぼ現在のインドネシアに当たる地。

タイは英領ビルマと仏領インドシナ連邦に挟まれた緩衝地帯として植民地化を免れました。

中国への列強の進出

　1894年の日清戦争で清朝が日本に敗れると，欧米列強と日本は中国の植民地化を加速させた。

中国の植民地化と租借地

ロシア	遼東半島南部（旅順・大連）（1898）
ドイツ	膠州湾（1898）
イギリス	威海衛・九竜半島（1898）
フランス	広州湾（1899）
日本	遼東半島南部（旅順・大連）（1905）

2 アフリカ分割

　19世紀半ばにおけるリヴィングストンやスタンリーによる中央アフリカ探検の後，列強によるアフリカへの関心が強まった。19世紀末には，急速にアフリカが侵略されていくことになる。

主な列強のアフリカ進出地域

国	進出地域	備考
英	エジプト（1882），スーダン（1899），南アフリカ連邦（1910）	アフリカ縦断政策。ファショダ事件で仏と衝突
仏	アルジェリア（1830），チュニジア（1881），モロッコ（1912）	アフリカ横断政策。ファショダ事件で英と衝突。2度に渡るモロッコ事件で独と衝突

日清戦争
1894〜95。朝鮮を巡る対立から起きた日本と中国（清）の戦争。日本が勝利した。

租借
条約により領土が他国に貸与されること。

遼東半島南部
1898年にロシアが租借したが，日露戦争中に日本が占領し，ポーツマス条約（1905）で租借権を継承した。

リヴィングストン
1813〜73。イギリスの宣教師・探検家。南アフリカの奥地を探検。行方不明後，スタンリーに救出される。

アフリカ縦断政策
エジプトのカイロと南アフリカのケープタウンを結ぶ政策。

ファショダ事件
南スーダンのファショダで英仏両軍が衝突した。フランスが譲歩。

モロッコ事件
1905・1911。英仏協商でモロッコがフランスの勢力圏とされたことに対し，ドイツ皇帝ヴィルヘルム2世が抗議した事件。ドイツが

国	進出地域	備考
伊	リビア（1912）	
独	カメルーン（1884）	

以上のような分割の結果，20世紀初めの時点で独立を維持したのは，**エチオピア帝国**と**リベリア共和国**の2国のみであった。

3 第一次世界大戦

ヨーロッパの列強諸国は，20世紀末になると三国協商と三国同盟の陣営に分かれて対立した。さらにオスマン帝国の支配力が後退したバルカン半島は，諸民族が領土拡大をめざして戦争を繰り返し，「ヨーロッパの火薬庫」と呼ばれていた。

三国同盟と三国協商

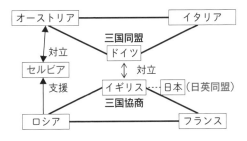

1914年に**サライェヴォ事件**が起こると，セルビアを支援するロシア・イギリス・フランスら連合国と，オーストリア・ドイツを中心とする同盟

譲歩し，フランスがモロッコを保護国化。

エチオピア帝国
13世紀〜1974。イタリア軍の侵入をアドワの戦い（1896）で退け，独立を維持した。

リベリア共和国
1847独立宣言。アメリカ合衆国の解放奴隷が西アフリカに建国。独立を維持。

セルビア
ドナウ川中流域のスラヴ人国家。領土拡大をめざしてオーストリアと対立した。スラヴ人国家であるロシアの支援を受ける。

日英同盟
1902年にロシアの極東進出に対してイギリスと日本が締結。

サライェヴォ事件
1914年にオーストリア皇位継承者夫妻がセルビア人青年に暗殺された事件。この事件を口実にオーストリアはセルビアに宣戦布告。

国の間で第一次世界大戦が勃発した。

この戦争は史上初の総力戦となり，飛行機・戦車・潜水艦・毒ガスなどの新兵器が登場した。また戦争の犠牲者数も従来の戦争を大きく超えるものとなった。

総力戦
各国が国家・国民の生産力・経済力すべてを総動員した戦時体制。

第一次世界大戦の展開

年	経過
1914	東部戦線：タンネンベルクの戦い （ドイツ対ロシア）⇒ドイツ勝利 西部戦線：マルヌの戦い （ドイツ対フランス）⇒ドイツを阻止
1915	伊が連合国側で参戦（三国同盟崩壊）
1917	ドイツの無制限潜水艦作戦 ⇒アメリカが連合国側で参戦
1918	ロシアがドイツと単独講和 （ブレスト＝リトフスク条約） オーストリアが降伏 ドイツ革命で皇帝ヴィルヘルム２世がオランダへ亡命⇒ドイツが休戦協定

無制限潜水艦作戦
劣勢のドイツが，交戦水域に入った船舶を，無差別・無警告で攻撃するという作戦。

ブレスト＝リトフスク条約
この条約でロシアはポーランドなどの広大な領土を失い，賠償金を約束したが，のちに破棄された。

4 ロシア革命

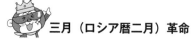

三月（ロシア暦二月）革命

第一次世界大戦中の 1917 年，ロシア革命が起こった。長期化する大戦に対し，戦争継続反対の声が高まったことがその原因となった。3月には首都のペトログラードで生じた大規模暴動が各地

に広まり，兵士や労働者によるソヴィエトが組織され，革命が進展した。これにより皇帝ニコライ2世は退位してロマノフ朝が滅亡し，臨時政府が樹立された。

十一月（ロシア暦十月）革命

　三月革命後にボリシェヴィキの指導者であるレーニンが亡命先から帰国し，四月テーゼにより即時停戦を主張した。これに臨時政府は，ケレンスキーを首相とし，ボリシェヴィキと対立した。その後，ソヴィエトの権力を手にしたレーニンは，11月にボリシェヴィキの武装蜂起で臨時政府を打倒し，社会主義のソヴィエト政権を樹立した。

三月革命から十一月革命へ

```
1917.3　三月（ロシア暦二月）革命
　・ペトログラード蜂起〜ニコライ2世退位
　　　↓　　　　　　　　　　　↓
ソヴィエト成立　　⇔　臨時政府成立
・レーニン中心　　　　・ケレンスキー中心
・即時停戦主張　　　　・戦争継続主張
　　　↓　　　　　　　　　　　↓
1917.11　十一月（ロシア暦十月）革命
　・ボリシェヴィキが武装蜂起〜臨時政府打倒
　　　↓
ソヴィエト政権樹立
　・武装蜂起をしたボリシェヴィキ，一党独裁へ
```

ソヴィエトとはロシア語で「会議」の意。三月革命時，労働者の代表に兵士の代表が加わり，全国で結成されました。

ボリシェヴィキ
のちのロシア共産党。最初，人事問題において多数派であったために「多数派」を意味するボリシェヴィキと呼ばれた。

四月テーゼ
即時停戦以外に，臨時政府の打倒や「すべての権力をソヴィエトへ」をスローガンとして掲げた。

ソヴィエト政権
1922年には，初の社会主義共和国であるソヴィエト社会主義共和国連邦が成立した。

ヴェルサイユ体制

　第一次世界大戦の終結後，連合国は 1919 年 1 月にパリ講和会議を開催した。会議では，仏首相のクレマンソーと英首相のロイド＝ジョージが，それぞれ対ドイツ強硬政策を主張した。

パリ講和会議と諸条約

条約	内容
ヴェルサイユ条約	対ドイツ　①領土削減　②軍備制限　③ラインラントの非武装化　④賠償金
サン＝ジェルマン条約	対オーストリア　「未回収のイタリア」をイタリアへ
ヌイイ条約	対ブルガリア
トリアノン条約	対ハンガリー
セーヴル条約	対オスマン帝国

　これらの講和条約を中心に築かれた，ヨーロッパの国際秩序をヴェルサイユ体制と呼ぶ。

国際連盟の設立

　なお，第一次世界大戦勃発への反省から，1920 年にはアメリカ大統領ウィルソンの十四か条に基づいて国際連盟が発足した。史上初の国際平和機

領土削減
ドイツは海外領土をすべて失った上に，資源の豊富なアルザス・ロレーヌをフランスに割譲された。

軍備制限
徴兵制の禁止や陸・海軍の兵力制限などが決定された。

ラインラント
ライン川両岸地域で，独仏間の係争地。

「未回収のイタリア」
19 世紀のイタリア統一時にイタリアが獲得できなかったイタリア人居住地域。トリエステや南チロルなど。

十四か条
第一次世界大戦終盤の 1918 年に出された原則。内容面では民族自決や秘密外交の廃止などが盛り込まれた。

郵便はがき

1 6 3 - 8 7 9 1

9 9 9

（受取人）
日本郵便 新宿郵便局
郵便私書箱第330号

（株）実務教育出版

愛読者係行

llılı·ıllıllı··lllll··ll·ll·ll·l·l·l·l·l·l·l·l·l·l·l·l·l

氏	フリガナ	
名		
住	☐☐☐-☐☐☐☐	
所		
E-mail		

『公務員合格講座』 総合案内書 無料請求欄	通信講座「公務員合格講座」の 総合案内書を無料でお送りしま す。ご希望の場合は、右記に○ をおつけください。	

ご記入された個人情報は『公務員合格講座』総合案内書の送付、企画の参考のみに使用するもので、
他の目的では使用いたしません。

【ご購入いただいた本のタイトルをお書きください】

タイトル

【本書の感想や、気になった点があればお書きください】

【この本を購入した理由を教えてください】（複数回答可）

① 読みやすそう・使いやすそうだから　② 人にすすめられたから
③ 値段が手頃だから　④ ボリュームが丁度いいから　⑤ デザインがいいから
⑥ その他（　　　　　　　　　　　　　　　　　　　　　　　　　　　）

【この本は、何でお知りになりましたか】（複数回答可）

① ウェブ・SNS（　　　　　　　　　　）② 当社ホームページ　③ 書店　④ 生協
⑤ 当社の刊行物（受験ジャーナル、書籍、パンフレット）
⑥ 学校の先生から　⑦ 先輩・知人にすすめられて

【何の試験を受験されますか】

①受験される試験（　　　　　　　　　　　　　　　　　　　　　　　）

②受験される職種（　　　　　　　　　　　）

【差し支えない範囲で結構ですので、下記の情報をご記入ください】

◇ ご職業　① 大学生　② 大学院生　③ 高校生　④ 短大・専門学校生
　　　　学校名　（　　　　　　　　　　　　　　）学年（　　　　年）
　　　　　　　　⑤ 会社員　⑥ 公務員　⑦ 自営業　⑧ その他（　　　　　）
◇ 性別　男・女　　　　　　◇ 年齢（　　　　　歳）

ご協力ありがとうございました。

関である。現在の国際連合とは異なった特徴を有する。戦後設立された国際連合と比較しておこう。

国際連盟と国際連合の特徴

国際連盟		国際連合
ジュネーヴ	本部	ニューヨーク
①原加盟国 42 か国 ②米の不参加 ③日・独・伊の脱退	加盟国	①原加盟国 51 か国 ②五大国が初めから参加
全会一致主義	評決	安全保障理事会における五大国一致主義
経済制裁	制裁	軍事措置も可
①軍事制裁が不可 ②迅速な対応ができない	問題点	常任理事国の拒否権発動で採決が否決される

ワシントン体制

　ヨーロッパでのヴェルサイユ体制に続き，アジア・太平洋地域における国際秩序構築をめざすワシントン会議が開かれた。ここで構築された体制をワシントン体制と呼ぶ。この体制では特に日本の海外進出が警戒され，アメリカの主導下で諸条約が締結された。

五大国
アメリカ・イギリス・フランス・ソ連・中国（中華民国）。現在，ソ連はロシアに，中国は中華人民共和国に替わっている。

安全保障理事会
国際連合の最高機関。国際紛争の解決に必要な経済・外交・軍事的制裁権を有する。

常任理事国
安全保障理事会において，常に理事国の地位を有する国。前述の五大国が有している。

ワシントン会議と諸条約

条約	内容
ワシントン海軍軍備制限条約	主力艦保有比率を米：英：日：仏：伊＝5：5：3：1.67：1.67と想定した
四か国条約（米・英・日・仏）	①太平洋諸島の現状維持 ②日英同盟の解消
九か国条約（米・英・日・仏など）	中国の主権尊重・領土保全などを約束

　ヴェルサイユ体制とワシントン体制の両体制によって，集団安全保障・国際協調主義が高まった。その風潮の中で，ヨーロッパではロカルノ条約や不戦条約も締結された。

6　第二次世界大戦前後

　1939年に始まる第二次世界大戦は，第一次世界大戦の規模を上回る，世界的規模の戦争であった。

世界恐慌

　第二次世界大戦をもたらした原因の一つに，世界恐慌が挙げられる。これは，1929年10月24日，アメリカのウォール街にあるニューヨーク株式市場で株価の大暴落が起きたことに始まり，この結果すべての資本主義国を巻き込む世界恐慌となっ

ロカルノ条約

ヨーロッパの集団安全保障条約。ラインラント非武装の再確認やドイツ・フランスなどの国境不可侵などが約束された。

不戦条約

国際紛争の解決手段として，戦争を放棄することを約束した条約。日本国憲法に影響を与えた。

た。この世界恐慌に対処するため，世界各国はさまざまな政策を実施した。しかし，植民地を有するか否かでその対応策は分かれ，世界各国の分断を生み出した。

各国の恐慌対策

国	対策
米	フランクリン＝ローズヴェルト大統領がニューディール政策を実施 ①農業調整法　②全国産業復興法 ③テネシー川流域開発公社　④ワグナー法
英	マクドナルド内閣によるブロック経済
仏	ブロック経済政策を採用
独 伊 日	植民地や資源に乏しい「持たざる国」であったため，植民地の再分割を求め対外侵略を図る（ファシズムの台頭）
ソ	第一次・第二次五か年計画（恐慌の影響をほとんど受けず）

ファシズムの台頭

　第一次世界大戦後のドイツでは，ヴェルサイユ体制などに対する不満からファシズムが台頭した。特に，1929年の世界恐慌における社会不安を背景に登場したのが，ヒトラーとその政党であるナチ党（国民社会主義ドイツ労働者党）であった。ヒトラーは，ナチ党による一党独裁を実現し，ヴェルサイユ体制への打破へと突き進んだ。

農業調整法
農業分野での過剰生産を抑制するため，生産を削減し，補償金を支給した。

テネシー川流域開発公社
テネシー川流域の総合開発を行う，政府経営の公社。雇用を生み出し，購買力を回復することが目的。

ワグナー法
労働者の団結権・団体交渉権を認める。

ブロック経済
本国とその植民地などが結びつき一つの経済圏を作り，重要物質の自給自足や商品市場の確保などを図ること。

ファシズム
議会制民主主義や既成政党を批判し，暴力的手段で問題解決を行うなどの特徴を持つ。

五か年計画
ソ連が行った社会主義計画経済。

ナチ党（国民社会主義ドイツ労働者党）
1920年にドイツ労働者党を改称して成立したファシズム政党。社会上層・中間層を中心に，工業労働者や農業労働者に支持された。

ナチ党の台頭とヴェルサイユ体制の崩壊

1920	ナチ党の成立（のち党首ヒトラー）
1923	ミュンヘン一揆　⇒失敗
1929	世界恐慌　⇒ナチ党の議席増加
1932	総選挙　⇒ナチ党が第一党へ
1933.1 3 10	ヒトラーを首相とする政権が成立 全権委任法　⇒ナチ党一党独裁 国際連盟脱退
1934.8	ヒトラーが総統に就任
1935	再軍備宣言（ヴェルサイユ条約破棄）
1936	ラインラント進駐

　一方イタリアで成立していたムッソリーニ政権は，世界恐慌による経済の行き詰まりを打破するために，1935年にエチオピア侵略を行った。この間，イタリアはヒトラー体制下のドイツに接近し，1936年にベルリン＝ローマ枢軸を結成した。その後，コミンテルンとソ連への対抗として成立していた日独防共協定と合わせ，日独伊の三国防共協定が成立した。

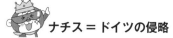 **ナチス＝ドイツの侵略**

　1938年に入ると，ヒトラーは周辺諸国への領土要求を加速させた。

ミュンヘン一揆
ナチ党が，フランスとベルギーによるルール占領に伴う経済混乱に便乗し，ミュンヘンで起こしたクーデタ。

全権委任法
政府に立法権を与える法律。

総統
大統領と首相の権限を併せ持つ独裁的地位。

再軍備宣言
空軍の再編や徴兵制の復活などが実施された。

ムッソリーニ
イタリアの政治家で，当初はイタリア社会党左派に所属。1919年にファシスト党を結成し，その後22年に首相。

ベルリン＝ローマ枢軸
ドイツとイタリアの協力体制。

コミンテルン
各国の共産主義運動・革命政党などを指導した国際組織。ロシア共産党が指導した。

ナチス＝ドイツの侵略

1938.3 9	オーストリア併合 チェコスロヴァキアにズデーテン地方の割譲を要求 ⇒ミュンヘン会談において決定
1939.3	①チェコスロヴァキア解体 ②ポーランドを圧迫
1939.8	独ソ不可侵条約の締結

 第二次世界大戦

1939年9月にドイツがポーランドに侵攻し、第二次世界大戦が始まった。

第二次世界大戦の経過

1939.9	ドイツ軍，ポーランド侵攻 ⇒第二次世界大戦の開始
1940.6	イタリア参戦，フランス降伏（ド＝ゴールがロンドンに亡命し，自由フランス政府樹立。レジスタンス指導）
1941.6 12	独ソ戦開始 太平洋戦争開始，独・伊が対米宣戦布告
1942.6	ミッドウェー海戦で日本軍敗北
1943.2 9	独，スターリングラードの戦いで敗北 イタリア降伏（ムッソリーニ失脚）
1945.5 8	ドイツ降伏（ヒトラー，直前に自殺） ソ連，対日参戦　⇒日本降伏

ズデーテン地方
チェコスロヴァキア西部のドイツ・オーストリアの国境地帯。ドイツ系住民が多かった。

ミュンヘン会談
独・英・仏・伊の国際会談。独に譲歩する宥和政策でズデーテン地方割譲が承認された。

独ソ不可侵条約
一方が第三国との戦争時，他方の中立を維持することなどを約束した。反共を主張するナチス＝ドイツと，反ファシズムを掲げるソ連との同盟は，世界を驚かせた。

ド＝ゴール
フランスの軍人・政治家。戦後はフランスの第五共和政大統領に就任（在任：1959～69）。

レジスタンス
第二次世界大戦中，ファシズム勢力支配下の中展開された，市民を中心とした抵抗運動。

独ソ戦
ドイツが独ソ不可侵条約を破棄。ソ連を攻撃して始まった。

ミッドウェー海戦
日本は，多くの艦船を失い敗北し，以後，戦争の主導権はアメリカ合衆国側が握った。

戦後の世界① (1946～50年代前半)

　第二次世界大戦が終結すると，世界は冷戦と呼ばれる緊張状態に突入した。これは，アメリカを中心とする西側陣営（資本主義国中心）と，ソ連を中心とする東側陣営（社会主義国中心）に分かれた状態のことである。

冷戦下における東西対立

西側（資本主義陣営）	東側（社会主義陣営）
1946 英チャーチル「鉄のカーテン」演説	
1947 ①トルーマン＝ドクトリン ②マーシャル＝プラン	1947 コミンフォルム（共産党情報局）結成
1949 北大西洋条約機構（NATO）成立	1949 コメコン（経済相互援助会議）結成
	1955 ワルシャワ条約機構成立

戦後の世界② (1950年代後半～70年代前半)

　1950年代，ソ連の独裁者スターリンの死を受け，フルシチョフがスターリン批判と平和共存を打ち出した。これにより「雪どけ」が進むように思えたが，1960年代はキューバ危機やベトナム戦争の本格化などにより，緊張が再燃した。一方で，核軍縮による米ソの緊張緩和も進むこととなった。

「鉄のカーテン」

チャーチルは，ソ連が社会主義の勢力圏を作っていることを批判し，ヨーロッパでの境界を「鉄のカーテン」にたとえた。

トルーマン＝ドクトリン

ギリシア・トルコの共産化を防ぐため出された両国への援助宣言。

マーシャル＝プラン

ヨーロッパの経済復興を米が援助する計画。

ワルシャワ条約機構

ソ連を中心に東欧諸国が結んだ東側の軍事同盟。

平和共存

社会主義国と資本主義国が平和に共存できるという主張のこと。

「雪どけ」

1955年のジュネーヴ4巨頭会談の実施などに見られた，東西間の冷戦緩和を表す言葉。

キューバ危機

キューバに建設されたソ連のミサイル基地を巡る米・ソ対立から生じた核戦争の危機。ソ連の譲歩で解決。

戦後の世界③（1970年代後半～1989年）

1970年代後半は，ソ連のアフガニスタン侵攻やアメリカのレーガン大統領による対ソ強硬政策により，一時緊張が高まった。

しかし，1985年にソ連でゴルバチョフが書記長になると，アフガニスタンから撤兵し，ペレストロイカ（改革）やグラスノスチ（情報公開）といった新思考外交を推し進めた。そして，1989年にアメリカのブッシュ大統領とソ連のゴルバチョフ書記長が，地中海のマルタ島において会談を行い（マルタ会談），冷戦の終結を宣言した。

戦後の世界④（1990年代以降）

冷戦終結後の1991年，エリツィンを大統領とするロシア連邦が成立し，ソ連は崩壊した。

ソ連の崩壊で唯一の超大国となったアメリカでは，2002年の同時多発テロ事件をきっかけに，イラクやアフガニスタンに軍を派遣した。

1980年代以降，ヨーロッパでは地域統合が進み，92年にはヨーロッパ連合（EU）が発足した。2002年には統一通貨（ユーロ）が導入され，2007年には加盟国が27か国にまで増加している。

アジアでは，1967年に結成された東南アジア諸国連合（ASEAN）は，99年には加盟国が10か国となり，経済面での統合が進んだ。

アフガニスタン侵攻
アフガニスタンで親ソ派がクーデタを起こし，それを支援するためにソ連が侵攻した。

ゴルバチョフ
ソ連共産党書記長ののち，ソ連の大統領に就任。ソ連の民主化・自由化に尽力。

グラスノスチは特にチェルノブイリ原発事故を契機として進められました。

ロシア連邦
独立国家共同体（CIS）の一つ。

イラク
サダム＝フセイン大統領のもと，1990年にはクウェートに侵攻し，国連の多国籍軍の攻撃を受けて撤退（湾岸戦争）。

東南アジア諸国連合
インドネシア，マレーシア，フィリピン，タイ，シンガポールで結成。

No.1 　18世紀から19世紀にかけてのアメリカ合衆国の歴史に関する記述として，妥当なのはどれか。　【東京都】

1 　ボストン茶会事件をきっかけに始まった独立戦争で，イギリス，フランスおよびスペインに勝利した植民地側は，パリ条約で独立宣言を発表した。

2 　憲法制定会議が開かれて制定された合衆国憲法は，各州の自治権を否定して連邦主義がとられ，リンカンが初代大統領に就任した。

3 　米英戦争によりルイジアナを獲得したアメリカは，メキシコからはカリフォルニアを購入して領土を拡大した。

4 　奴隷制の存続や保護関税政策について南部と北部の主張が対立し，南部諸州が連邦から脱退してアメリカ連合国を結成したことから，南北戦争が始まった。

5 　アメリカは，米西戦争に敗れたことから，パナマ運河の建設をスペインに譲り渡した。

No.2 　第二次世界大戦後の西アジア・南アジアに関する記述として最も妥当なのはどれか。　【国家一般職／税務／社会人】

1 　インドでは，東西両陣営から自立する動きが現れた。その後，国民会議派のネルーと毛沢東中国国家主席による平和五原則が発表され，インドは英国から独立した。

2 　トルコでは，スルタンの独裁に反対する青年将校たちの反乱により，オスマン帝国のスルタン制が廃止され，トルコ共和国が成立した。

3 　パレスチナでは，パレスチナ難民が結成したパレスチナ解放機構（PLO）

が中心となり，イスラエルを建国した。

4 アフガニスタンでは社会主義勢力に対抗するため米軍が侵攻したが，ソ連がアフガニスタン政府を支援したため，米軍はまもなく撤退した。

5 イラクが石油資源の確保を狙ってクウェートを占領すると，湾岸戦争が起こり，米国を中心とする多国籍軍がイラク軍を撤退させた。

正答と解説

No.1 の解説

1✗ フランス，スペインは植民地側についてイギリスと戦った。

2✗ 初代大統領はワシントンである。リンカンは 16 代大統領。

3✗ ルイジアナはフランスから買収，カリフォルニアはメキシコとの戦争（アメリカ＝メキシコ戦争）に勝利して獲得した。

4○ 南部は奴隷制の存続や自由貿易を主張した。

5✗ アメリカは勝利している。パナマ運河建設は米西戦争に関係ない。

No.2 の解説

1✗ インド独立は 1947 年，平和五原則が発表されたのは 1954 年である。また，平和五原則はネルーと周恩来との共同声明である。

2✗ トルコ共和国樹立は 1923 年で，第一次世界大戦後のことである。

3✗ イスラエルは 1948 年，ユダヤ人によって建国された。

4✗ アフガニスタンでは社会主義政権が誕生したが，イスラーム勢力との内戦が始まると，ソ連が政権維持のために侵攻した。

5○ イラクはイラン＝イラク戦争による疲弊を石油資源の豊かなクウェートへの侵攻で解決しようとした。

テーマ ★★
04 東洋史

・中国史は王朝によって特徴が鮮明に表れる。各王朝の政策などを中心に見ていきたい。
・歴代中国王朝の周辺に位置していた遊牧民などの異民族の動向も，注目しよう。

1 古代中国

殷（前16世紀頃～前11世紀頃）

現在確認できる中国最古の王朝は殷王朝である。この王朝は邑と呼ばれる都市国家の連合体であり，後期の都の遺跡は殷墟である。国王は，神意を占いなどで判断する神権政治を行い，それに用いられた亀甲や獣骨には甲骨文字が刻まれた。また儀式の際には青銅器が用いられた。

周（前11世紀頃～前256）

殷を倒し華北の支配を行った周は，前770年を境にして，前半を西周，後半を東周と呼んだ。

西周は都を鎬京に置き，特に一族・功臣を世襲の諸侯として封土を与え，代わりに貢納と軍役の義務を課す封建制度を行った。西周は前770年に都を洛邑に遷すが，同時にこの年より中国は，春秋戦国時代に突入する。

春秋・戦国時代（前770～前221）

この時代に中国は戦乱期に入り，特に前403年

殷墟
現在の河南（かなん）省安陽（あんよう）市を中心とする。

甲骨文字
占いの記録にも用いられた。漢字の起源。

鎬京
渭水（いすい）流域。現在の西安（シーアン）付近に位置する。

洛邑
現在の洛陽（らくよう）。

126

以降になると，周王の権威は完全に無視され，実力主義と下剋上の風潮が蔓延した。一方で，牛耕農法や鉄製農具の普及により生産性が上がり，諸子百家の登場など，新思想が現れた。

秦（前8世紀頃～前206）

戦国時代を勝ち抜いた秦は，前221年に中国統一を成し遂げた。法家の思想を重用した秦王政は，統一後始皇帝を名乗り，都の咸陽を中心に中央集権政策を進めた。政策として統一貨幣半両銭の鋳造や郡県制，焚書・坑儒などを展開するも，人々の反感を買い，陳勝・呉広の乱で滅亡した。

漢（前202～後220）

漢を築いた劉邦（高祖）は，長安を都とした。国内政策として封建制と郡県制を併用した郡国制を実施した。北方の遊牧民匈奴の冒頓単于に敗北し，和親策をとった。

呉楚七国の乱の混乱があったが，第7代皇帝武帝の諸政策により漢は最大領域となった。その後，新がおこり漢は一時中断するものの，劉秀（光武帝）が洛陽に都を定めて，漢を復興させた（後漢）。後漢は西域支配を積極的に進め，さらには西方のローマ帝国とも交流した。

2世紀後半には党錮の禁により政治が混乱し，184年，張角に指導された宗教結社太平道による黄巾の乱で衰退した。

諸子百家
春秋時代末期から戦国時代に活躍した思想家と学派の総称。儒家，法家，道家など。

法家
君主が定めた法を重視し，法治主義を説く学派。韓非（かんぴ）・李斯（りし）など。

郡県制
全国を郡に分け郡の下に県を置く地方制度。

焚書・坑儒
「焚書」は儒家を主とする諸派の書を焼き，「坑儒」は儒者を生き埋めにしたこと。

陳勝・呉広の乱
前209年に勃発した農民反乱。

匈奴
戦国時代から漢の時代にかけモンゴル高原を中心に勢力を持った遊牧民。

呉楚七国の乱
前154年に起こった諸侯の乱。

武帝の諸政策
内政では儒学の官学化や郷挙里選（きょうきょりせん），対外的には西域・朝鮮などへの遠征を行った。

劉秀（光武帝）
北九州の奴国王（なこくおう）に漢委奴国王印を与えた。

魏晋南北朝時代 （220～589）

　曹丕が後漢を倒し華北に魏を建国すると，魏・蜀・呉の三国が分立した（三国時代）。この三国時代は，西晋（晋）が280年に呉を滅ぼすまで続いた。

三国時代

国	建国者	都	特徴
魏	曹丕	洛陽	蜀を滅ぼす
蜀	劉備	成都	参謀は諸葛亮
呉	孫権	建業	司馬炎が滅ぼす

　西晋が滅亡すると，華北は五胡十六国時代となり，混乱を迎えた。一方，江南地方（長江流域）には司馬睿が建てた東晋を皮切りに，その後南朝と総称される諸王朝が建康（現在の南京）を都に成立した。

　一方，五胡十六国の混乱期を終えた華北では，五胡の一つである鮮卑族の拓跋氏が北魏を建国し，都を平城に置いた。この王朝は3代の太武帝が華北を統一し，6代の孝文帝が都を洛陽に遷し，漢化政策を実施した。その後，華北には5つの王朝が連続した（北朝）。

　こうして，北朝と南朝がそれぞれ中国の北部と南部に並立した時代のことを，南北朝時代と呼ぶ。

曹丕
父は後漢末における群雄の1人曹操（そうそう）。曹操の死後，後漢の禅譲を受け，魏を建国。

五胡
5つの異民族のこと。

南朝
宋（そう）・斉（せい）・梁（りょう）・陳（ちん）の4王朝。

太武帝
道教を確立した寇謙之（こうけんし）を登用し，仏教弾圧を行った。

漢化政策
漢人風に言語や風俗を改めること。鮮卑族は強く反発した。

北朝
北魏・東魏・西魏・北斉・北周の5王朝のこと。

隋（581～618）

　隋を建国した楊堅（文帝）は，大興城（長安）に都を置き，南朝の陳を589年に滅ぼして中国を統一した。また，唐にも継承される均田制・租調庸制・科挙などを創始し，中央集権化を図った。しかし，煬帝の失政により618年に滅亡した。

唐（618～907）

　618年に李淵（高祖）が唐を建国した。隋の諸制度を継承して律令国家体制を構築し，三省六部に代表される中央官制を整備した。また周辺統治のために都護府を置き，諸民族統治のために羈縻政策と呼ばれる間接統治政策をとった。

　唐は一時，武則天による中断を挟むが，再度復活し，6代玄宗の時代には善政時代を現出した。ところが，玄宗は晩年に楊貴妃の一族を重用したため，755年に安史の乱を招いた。この頃には，唐代前半の諸制度も機能しなくなり，新しい土地制度・兵制・税制が実施された。

唐代における諸制度の変遷

均田制		荘園制：大土地所有制度
府兵制	⇒	募兵制：傭兵制度
租調庸制		両税法：土地私有を認める

　9世紀後半に黄巣の乱が起こり，最終的に907年節度使の朱全忠により唐は滅ぼされた。

均田制
農民に一律の口分田を支給する制度。

租調庸制
租は穀物税，調は布など納付，庸は都での徭役や布などの納付。

科挙
試験による官吏任用制度。1905年まで継続。

煬帝の失政
3度に渡る高句麗（こうくり）遠征の失敗などがあった。

律令国家
律（刑法典）・令（行政法典）・格（律・令補充）・式（律・令施行細目）を基本とする法治体制。

三省六部
三省は，詔勅の起草・審議・施行を行う中書（ちゅうしょ）省・門下（もんか）省・尚書（しょうしょ）省をさす。六部は尚書省に従属した行政・執行機関。

安史の乱
辺境に置かれた募兵軍団の司令官である節度使の安禄山（あんろくざん）らが起こした反乱。

府兵制
兵農一致の徴兵制度。

黄巣の乱
塩の密売商人である黄巣を指導者とする農民反乱。

北宋 (960 ~ 1127)

趙匡胤は 960 年に開封を都に宋（北宋）を建国すると，さまざまな政治改革に取り組んだ。

内政面においては文治主義を採用し，隋から行われている科挙を整備し，殿試を取り入れた。一方，軍事力の低下に伴い，周辺異民族の侵入を受けた宋は，講和条約を結んだ。たとえば，契丹の遼との間には澶淵の盟を結んでいる。

この財政難に対し，宰相の王安石は新法を採用し，財政の立て直しと富国強兵を試みた。しかし，旧法党との対立を深め宋（北宋）の弱体化は進み，異民族王朝の金により滅亡した（靖康の変）。

南宋 (1127 ~ 1279)

北宋の滅亡後，江南に逃れた皇帝の親族は臨安を都に南宋を建国した。南宋では金との関係に関して主戦派と和平派が対立し，和平派の秦檜が主戦派の岳飛に勝利した。南宋は最終的に，1276 年に元のフビライに滅ぼされる。

モンゴル帝国 (1206 ~ 1271)

13 世紀初頭，モンゴル高原においてチンギス＝ハンが全モンゴル部族を統一し，モンゴル帝国が建国された。以後，チンギス＝ハンの一族が

文治主義
節度使らの武力に基づいた政治を廃した，文人官僚による統治。

殿試
科挙の最終試験で，皇帝を試験官とした。

澶淵の盟
北宋を兄，遼を弟とし，北宋が毎年，銀や絹を贈った。

新法
中小農民に低利融資を行う青苗（せいびょう）法や民兵養成の保甲（ほこう）法など。

旧法党
保守官僚の党派。司馬光（しばこう）が中心で，大地主・大商人らが支持。

帝国を継承していった。

モンゴル帝国の主要なハン

人物	業績・出来事
チンギス=ハン	初代。軍事行政制度の千戸制。西夏などを滅ぼす
オゴタイ=ハン	2代。金を滅ぼす。都カラコルム。バトゥの西方派遣
モンケ=ハン	4代。フラグの西アジア遠征

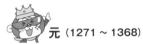

元 （1271 ～ 1368）

5代皇帝フビライの時代には，都を大都（現在の北京）に遷都し，国号を元と改めた。

フビライはまず，対外遠征において成果をあげた。南宋を滅ぼして中国全土を支配すると，朝鮮半島の高麗を属国とし，南方のビルマのパガン朝を滅ぼした。しかし，2度に渡る日本への遠征（元寇）は失敗し，ベトナムの陳朝には撃退され，インドネシアへの遠征も失敗している。

国内統治では，モンゴル人の次に色目人が重用され，漢人や南人などを支配した。また，科挙は当初廃止された。

元の衰退は，14世紀半ばに始まる。チベット仏教などに投じられた莫大な費用を補うため，交鈔（紙幣）を濫発した結果，経済的混乱から各地で反乱が起きた。そして紅巾の乱（1351）により，元はモンゴル高原に追われることとなった。

西夏
中国西北部にチベット系民族のタングート族が建てた国。

バトゥ
ロシア・東欧に遠征。ワールシュタットの戦い（1241）でドイツ・ポーランド連合軍を撃破。南ロシアにキプチャク=ハン国を建国。

フラグ
イスラーム王朝のアッバース朝を滅ぼし，イル=ハン国を建国。

色目人
主にイラン人や中央アジア系の人をさす。

漢人
ここでは，旧金朝支配下の遺民をさす。

南人
ここでは，旧南宋治下の遺民をさす。

チベット仏教
チベットにおいて発展した大乗仏教。フビライの頃から保護。

紅巾の乱
元末に宗教結社の白蓮（びゃくれん）教などが起こした農民反乱。

4 明・清時代

明（1368 ～ 1644）

　元末における紅巾の乱で頭角を現した朱元璋は，1368年に南京を都として明を建て，洪武帝として即位した。洪武帝は君主独裁体制を実現するために，諸制度を整えた。

洪武帝の政策

行政	中書省・丞相廃止，六部を皇帝直属
法制	明律・明令
兵制	衛所制
官制	朱子学の官学化　科挙整備
対外政策	海禁　⇒朝貢推進
農村統治	魚鱗図冊・賦役黄冊・里甲制など

　3代永楽帝は靖難の役により帝位を奪い取ると，北京へ遷都した。また鄭和に南海遠征を命じ，南海諸国の朝貢を勧誘した。

　永楽帝の死後，明は北方からのモンゴル人と南方からの倭寇による侵入に苦しめられた（北虜南倭）。さらに度重なる戦争で財政難に陥り，張居正が財政改革を行ったが，失敗した。また，東林派と非東林派の党争により政治は混乱し，そうした中で李自成の反乱により1644年に明は滅亡した。

丞相
中国の官名で君主を補佐し政務処理する官。

衛所制
兵農一致の兵制。

海禁
倭寇対策などのため，民間人の海外渡航や通商を制限した政策。

魚鱗図冊
明代の土地台帳。

賦役黄冊
明代の戸籍・租税台帳。

里甲制
明の村落組織。

靖難の役
2代皇帝建文（けんぶん）帝に対して，即位前の永楽帝が起こしたクーデタ。

鄭和
宦官でイスラーム教徒。7度の遠征で中東のメッカやアフリカ東岸のマリンディなどに到達した。

東林派
宋学の学問所である東林書院を中心に形成された政治的党派。

三藩の乱
1673 ～ 81。清に対して呉三桂（ごさんけい）ら漢人武将を筆頭に起きた反乱。

鄭氏台湾
17世紀当時の台湾は，明の遺臣である鄭成功（ていせいこう）一族が支配していた。

清（1616 ～ 1912）

　金の滅亡後，女真族はヌルハチが部族の統一に成功し，1616 年に後金を建てた。そして 2 代皇帝のホンタイジの治世時に国号を清と改称した。その後 17 世紀から 18 世紀にかけて，清朝の最盛期となった。

清の最盛期の 3 皇帝

康熙帝	①三藩の乱を鎮圧　②鄭氏台湾を討伐 ③ネルチンスク条約
雍正帝	①キリスト教の布教禁止　②キャフタ条約 ③地丁銀の普及
乾隆帝	①外国貿易を広州 1 港に制限 ②最大領土実現

5　中国の近・現代

 19 世紀清朝の衰退

　清朝は 18 世紀末に白蓮教徒の乱が起こり，動揺が広がった。さらに，1840 年のアヘン戦争と続く 56 年に勃発したアロー戦争で清は敗北し，結ばれた不平等条約の南京条約・北京条約は，従来までの中国の国家体制を大きく変質させた。

　アヘン戦争後，国内では太平天国の乱が勃発した。これを鎮圧した清朝は，「中体西用」に基づく洋務運動を進め，改革を図った。しかし，1894

ネルチンスク条約
1689 年にロシアとの間で結ばれた国境画定条約。アルグン川とスタノヴォイ山脈を国境とした。

キャフタ条約
1727 年にシベリアと外モンゴルでの国境をロシアと画定した。

地丁銀
明代の一条鞭法（いちじょうべんぽう）に替わる税制。丁銀（人頭税）を地銀（土地税）に繰り込み銀で一括納入。

南京条約
①上海・寧波（ニンポー）・福州・厦門（アモイ）・広州の開港
②公行（こうこう）の廃止
③香港（ホンコン）島の割譲などが定められた。

北京条約
①外国公使の北京駐在
②天津（てんしん）など 11 港開港
などが定められた。

「中体西用」
「中国の体制を核とし，西洋の技術を利用する」という考え方。

洋務運動
清の近代化運動。欧米からの技術導入に注力した。

年の日清戦争に敗北して列強の中国分割を招いた。戦争の敗北に対する反省から，変法運動を始めるも，西太后らの妨害により失敗した。同時期の1900年には義和団事件が発生し，義和団事件の後に結ばれた北京議定書により中国は半植民地化された。

辛亥革命から第二次世界大戦まで

　1911年，孫文らが辛亥革命を起こし，約300年間続いた清朝の支配が終わりを迎えた。孫文は三民主義を説き，南京を中心とする中華民国を建国すると，自身も臨時大総統に就任しアジア初の共和国憲法を制定した。しかしその後，袁世凱が独裁政治を行い，中国の分裂と混乱を招いた。

　第一次世界大戦中には，日本から二十一か条要求が突きつけられ，中国では第一次世界大戦後に五・四運動が発生した。孫文はこの民衆運動を革命に反映させようと，中国国民党を結成し，1921年に結成された中国共産党との協力を模索した。

　しかし，日本軍による中国への進出は続き，1931年に満州事変が発生した。国内では，蔣介石率いる国民党と毛沢東率いる共産党間で内戦が継続したが，1937年の日中戦争に際しては再度，国民党と共産党が協力し，抗日民族統一戦線が結成され，またアメリカやイギリスの援助を受けつつ抗戦を続けた。

変法運動
日本の明治維新をモデルに立憲君主制樹立をめざした運動。

義和団事件
宗教結社の義和団が北京に入城して起こした排外運動。これを機に清は列強に宣戦布告するも，敗北した。

三民主義
「民族の独立」「民権の伸張」「民生の安定」。

二十一か条要求
山東省でのドイツ権益の日本への継承などがあり，中国は受諾。

五・四運動
1919年に起こった北京大学の学生らによる反日運動。

満州事変
1931～33。日本の関東軍による柳条湖事件（鉄道爆破事件）を機に発生した満州侵略。この最中，日本は中国東北地方に傀儡（かいらい）国家の満州国を建国し，清朝最終皇帝の溥儀（ふぎ）を執政とし，のちに皇帝とした。

 **戦後の中国**

1945 年に終戦を迎えたあと，中国では再び国民党と共産党が対立した。最終的に共産党が勝利し，敗れた国民党の蒋介石は台湾に逃れて，同地に中華民国を建国した。一方で勝利した共産党の毛沢東は，1949 年に中華人民共和国を建国した。

1950 年代までの中華人民共和国

1949	建国…国家主席毛沢東，首相周恩来
1950	中ソ友好同盟相互援助条約，朝鮮戦争
1953	第1次五か年計画…農業集団化
1956	スターリン批判　⇒中ソ対立へ
1958	第2次五か年計画…失敗　毛沢東辞任
1959	チベット反乱　⇒中印国境紛争へ

1960 年代半ばから毛沢東は，新たに国家主席に就任した劉少奇や鄧小平らから実権を取り返すための闘争として文化大革命を行った。この運動は中国の政治経済に深刻な混乱を招いた。

1970 年代になると鄧小平が復活し，「四つの現代化」を目標に改革・開放政策を推進した。また経済特区を実施するなど社会主義市場経済が進展した。1989 年には第二次天安門事件が発生し，国際的な非難が生じるも，その後も共産党による独裁体制が維持され，現在に至っている。

周恩来
第二次大戦前から毛沢東を補佐。インド共和国初代首相ネルーと平和五原則を提唱した。

中ソ友好同盟相互援助条約
ソ連のスターリンとの間に締結。アメリカと日本の脅威に対抗する意図。

チベット反乱
チベット仏教の僧侶を中心とした反乱。教主のダライ＝ラマ 14 世はインドへ亡命した。

劉少奇
鄧小平らと経済調整を行うも，毛沢東らに資本主義復活とみなされ失脚。

「四つの現代化」
「農業」「工業」「国防」「科学技術」の分野。

経済特区
外国資本に法的・経済的優遇を与えた地域。

第二次天安門事件
天安門広場で起きた民主化要求運動を軍が武力弾圧した事件。

6 朝鮮の歴史

7世紀までの朝鮮半島

　中国で前漢がおこった前2世紀，朝鮮半島では衛氏朝鮮が建国された。この国は前漢の武帝に滅ぼされ，その後楽浪郡を始めとした朝鮮4郡が設置された。一方，中国東北地方から朝鮮北部にかけては前1世紀頃から高句麗が現れ，その後4世紀には百済と新羅による朝鮮三国時代を迎える。

新羅 （676［統一］〜935）

　676年に新羅が朝鮮半島を統一した。新羅は唐と連合を組み百済を滅ぼし，663年における白村江の戦いでは日本軍を撃退した。また，都を慶州に置き，中国文化の影響を受けた。

高麗 （918〜1392）

　918年に王建は，新羅を滅ぼし開城を都に高麗を建国した。高麗は1258年モンゴルに服属し，元とともに2度に渡る日本侵攻を行った。なお高麗も中国文化の影響を受け，高麗版大蔵経が編纂され，科挙なども実施された。

19世紀前半までの朝鮮王朝

　1392年に李成桂が漢城（現ソウル）を都に朝鮮王朝を建国した。朝鮮は16世紀に豊臣秀吉に

百済
4世紀半ばに成立。日本と親交があった。

慶州
特に石造建築で知られる仏国寺が有名。

高麗版大蔵経
高麗で2回に渡り木版印刷によって刊行された仏教経典の集成。

壬申・丁酉倭乱
豊臣秀吉による2度の朝鮮侵略に対する朝鮮側の呼称。

よる壬申・丁酉倭乱を迎えるも，李舜臣の活躍でこれを撃退し，その後清へ服属した。

第一次世界大戦までの朝鮮

19世紀後半になると朝鮮王朝では，江華島事件以降，親中派と親日派が対立を深めた。その最中である1894年に甲午農民戦争が起こると，これが日清戦争を誘発し，その後日本による朝鮮半島の侵略が進んだ。日本は1910年に韓国併合を実行し，それに対する三・一独立運動などが発生すると，軍隊で鎮圧した。

戦後の朝鮮半島

第二次世界大戦後の朝鮮半島では，北緯38度線を境にして北をソ連，南をアメリカが占領し，朝鮮民主主義人民共和国（北朝鮮）と大韓民国が成立した。両者は分裂したまま，現在に至る。

戦後の朝鮮半島史

大韓民国（都：ソウル）	北朝鮮（都：平壌）
初代大統領：李承晩	初代首相：金日成
朝鮮戦争（1950）：南北朝鮮の分断確定	
朴正煕大統領：日韓基本条約と開発独裁	金正日：核開発を行う
金大中：太陽政策	
南北首脳会談（2000）：両国指導者の直接会談	

江華島事件
1875年に江華島水域で挑発していた日本軍艦に対して朝鮮が攻撃。それに応戦した日本が付近を占領した。その後，1876年に日朝修好条規を結び，朝鮮は開国した。

甲午農民戦争
全琫準（チョンホンジュン）が中心となった農民反乱。

三・一独立運動
第一次世界大戦後の民族自決に影響を受け，朝鮮の知識人らが1919年に独立宣言を発表して起こした運動。

朝鮮戦争
1950〜53。北朝鮮が韓国に侵攻して始まった戦争。アメリカ軍を中心とした国連軍が韓国を支援し，中国は北朝鮮を支援した。

日韓基本条約
1965年締結。日本と韓国間における国交回復が実現。

開発独裁
経済開発のために独裁を正当化する体制。

太陽政策
北朝鮮への経済援助など，柔軟な方法での南北問題解決政策。

No.1 清朝後期に関する記述A～Dのうち，妥当なもののみをすべて挙げているのはどれか。 【国家一般職／税務／社会人】

A：インドから大量のアヘンが流入するようになったのに対し，林則徐がアヘンを没収廃棄処分にする強硬な策をとったことにより，ドイツとのアヘン戦争が起きた。

B：キリスト教の影響を受けた洪秀全は，広西省で蜂起して太平天国と称した。清朝打倒を掲げて運動したが，次第に弱体化した。

C：義和団は「扶清滅洋」をスローガンに掲げ，北京に入城し，列国の公使館を包囲した。清朝はこれを支持して宣戦布告したが，英米日露などの列国側は，義和団と清軍を破った。

D：清朝が列国からの借款を得るため民有鉄道の国有化を発表すると，各地で反対が起こり清朝から独立する省が相次ぎ，その後，南京において袁世凱を臨時大統領とする中華民国が成立した。

1 A **2** A, B **3** B, C **4** C, D **5** D

No.2 中国の歴史に関する記述として最も妥当なのはどれか。
【国家一般職／税務／社会人】

1 朱元璋は，「滅満興漢」を標語に漢人王朝の復活をめざし，明を建国した。また，科挙を創設し，権力の強化を図った。

2 ロシアのイヴァン4世による侵攻や豊臣秀吉による朝鮮出兵は「北虜南倭」と呼ばれ，これにより明は衰退した。李自成は反乱軍を率いて明を滅ぼし，清を建国した。

3 清は，満州族の習俗である辮髪を強制し，禁書や文字の獄によって思想統制を行う一方で，中央の重要官職には満州人と漢人を同数配置するなど，漢人の懐柔に努めた。

4 乾隆帝が海禁政策を解除してヨーロッパとの貿易港の制限を撤廃したことにより，大量のアヘンや茶が中国に流入したため，清はアヘンの取締まりを行った。

5 清では，日本の明治維新にならって政治の近代化を図る洋務運動が進められたが，日清戦争を契機として，変法運動と呼ばれる排外運動が義和団によって起こされた。

正答と解説

No.1 の解説

A：アヘン戦争はドイツではなくイギリスとの戦争である。

B：妥当である。内部対立により弱体化した。

C：妥当である。いわゆる義和団事件（1900 ～ 01 年）である。

D：袁世凱ではなく孫文，臨時大統領ではなく臨時大総統である。

よって妥当なものはBとCであり，正答は3である。

No.2 の解説

1✕ 「滅満興漢」は太平天国の標語。科挙は隋の文帝（楊堅）が創設。

2✕ 北虜はモンゴル諸部族の侵入，南倭は倭寇による東南沿岸地帯での略奪をさす。李自成は明を滅ぼしたが，明の呉三桂に敗北した。

3〇 17 ～ 18 世紀，康熙・雍正・乾隆の3皇帝時代に領域を拡大した。

4✕ 解除したのは康熙帝。のちに乾隆帝がヨーロッパ船の来航を広州1港に制限した。茶はイギリスへの主要輸出品である。

5✕ 政治の近代化を図ろうとしたのは康有為が主張した変法運動。洋務運動は西洋技術の導入による富国強兵をさす。

テーマ 05 同時代史・東西交渉史

・各地域世界のイメージ（例：西ヨーロッパ世界・イスラーム世界）を描くことが重要。
・特に世紀に注意しよう。それぞれの世紀に中心となった勢力から把握していきたい。

1 同時代史

1〜2世紀の世界

　1〜2世紀の世界は，ユーラシア大陸の東西に大帝国が成立した時代であった。東方では後漢が西域のオアシス国家を支配下に入れつつ，周辺諸国との朝貢・冊封関係によって国際秩序の安定に寄与した。一方で，西においてはローマ帝国が「ローマの平和」の時代を迎え，全盛期であった。

　両大帝国の間では，インドの諸王朝が並び立った。陸路においてはクシャーナ朝，海路においてはサータヴァーハナ朝がそれぞれ東西交易で繁栄した。

1〜2世紀の諸地域間のポイント

東アジア	後漢の甘英がローマへ向かう
西アジア	東西交易で繁栄
地中海	陸上・海上交易が地中海ネットワークで繁栄

オアシス国家
オアシスを中心に形成された都市国家。

クシャーナ朝
1世紀頃〜3世紀。古代中央アジアから西北インドの王朝。ローマからもたらされた金で，金貨が発行されるようになった。

サータヴァーハナ朝
前1〜後3世紀。デカン高原を中心とした王朝。ローマの金貨が数多く出土している。

甘英
97年に大秦（ローマ）へ出発し，シリアにまで至ったとされている。

8世紀の世界

　8世紀は，ユーラシア大陸に4つの大きな国が並び立つ時代であった。東アジアには中国の唐が，中央アジアから北アフリカにかけてはイスラーム王朝のアッバース朝が，東ヨーロッパにはビザンツ帝国が，そして西ヨーロッパにはフランク王国が力をつけ，それぞれの世界を形成した。

　各世界どうしは，隣接する他世界との戦いを通じ，自己の世界をまとめあげていくこともあった。たとえば，732年にはフランク王国がイスラーム軍の侵入をトゥール＝ポワティエ間の戦いで撃退し，ローマ＝カトリック教会の結びつきを強めつつ独自の西ヨーロッパ世界を現出させた。また，751年に唐とアッバース朝間で生じたタラス河畔の戦いでは唐が敗北し，その結果，捕虜を通じて製紙の技術がイスラーム世界に伝わった。

8世紀の諸地域間のポイント

東アジア	唐が衰退し始める
西・中央アジア	イスラーム帝国のアッバース朝が成立し，海上交易網が発達
ヨーロッパ	フランク王国とローマ＝カトリック教会が関係強化。ビザンツ帝国と対立する

アッバース朝
8世紀に成立したイスラーム王朝。特に全盛期のハールーン＝アッラシードは『千夜一夜物語（アラビアン＝ナイト）』の登場人物としても有名。

ビザンツ帝国
395年に分裂したローマ帝国の東半分を支配した国。東ローマ帝国。

フランク王国
481年に成立したゲルマン人国家。建国者のクローヴィスがキリスト教のアタナシウス派に改宗してから，ローマ人の支持を得て発展。

11 世紀の世界

11 世紀の世界は，諸地域で自立化が進んだ時代であった。

東アジアでは，中国北宋の周りで契丹の遼やタングート族の西夏，そして朝鮮半島には高麗が成立した。各国家とも文化面で中国の影響を受けつつ，独自の文化・制度を発展させて自立化・強大化を進めた。

西アジアでは，イスラーム王朝のセルジューク朝が特に力を伸ばし，君主はスルタンを名乗り，勢力を拡大した。そのイスラーム世界に対抗する一大運動となったのが，キリスト教世界による十字軍とレコンキスタであった。

11 世紀の諸地域間のポイント

東アジア	遼や西夏が宋を圧迫する
西・中央アジア	セルジューク朝の君主がカリフよりスルタンの称号を得る
ヨーロッパ	イスラームの侵入に対抗し，十字軍やレコンキスタが始まる

13 世紀の世界

13 世紀は「モンゴルの世紀」とも呼ばれる。圧倒的なモンゴル勢力による覇権は，12 世紀までの各地域世界の結びつきを一気に強くし，ユーラシアから北アフリカにまたがる巨大な交流圏が

セルジューク朝

1038 〜 1194。中央アジアにトゥグリル＝ベクが建てたトルコ系のイスラーム王朝。ビザンツ帝国を圧迫したことが十字軍のきっかけとなった。

スルタン

イスラーム世界における世俗君主の称号。

レコンキスタ

イベリア半島をイスラーム勢力から奪うためのキリスト教徒の運動。1492年に完了した。

カリフとはもとは「神の使徒の代理人」の意味があり，ムハンマドの後継者のことをさします。

形成された。モンゴル勢力は，イスラーム世界や東ヨーロッパ世界にまで広がり，ユーラシア大陸の一体化が達成された。

　同じ頃，イスラーム世界ではマムルーク朝がエジプトで繁栄し，ヨーロッパ世界では前世紀に続き十字軍を行い，イタリア諸都市が繁栄した。

マムルーク朝

1250 ～ 1517。イスラーム世界の軍人奴隷であるマムルークがエジプトに建てたイスラーム王朝。モンゴル軍と十字軍を撃退した。

13世紀の諸地域間のポイント

東アジア	フビライが都の大都を建設し，遊牧・農耕の両世界を支配した。また，大都は海路を通じ，東南アジアやインド洋にも結びついた
西・中央アジア	フラグがアッバース朝を滅ぼし，同地にイル＝ハン国を建国した マムルーク朝は，モンゴルと十字軍に対抗した
ヨーロッパ	南ロシアにバトゥがキプチャク＝ハン国を建国した 同世紀末には十字軍が失敗に終わった

東西を結ぶ「3つの道」

　前近代においてユーラシア大陸の東西を結んだ主要交易路として，「海の道」「草原の道」「オアシスの道（絹の道）」が存在している。

（1）「海の道」

　海の道とは，主にユーラシア南辺にあった沿岸都市を東西に結んだ交易路である。最初は古代ローマと南インド間における**季節風貿易**に始まり，8世紀以降になるとダウ船を用いたムスリム商人が活動を始めた。その後，10世紀に入るとジャンク船を用いた中国商人が交易に参画し，東シナ海から南シナ海，そしてインド洋から紅海にまで至るネットワークを形成した。

（2）「草原の道」

　「草原の道」とは，ウクライナの高原からカザフ高原・アルタイ山麓などのいわゆる天山北路を通過し，モンゴル高原に至る内陸交通路のことである。紀元前の遊牧民である**スキタイ**の騎馬遊牧文化がこの道を通じ，匈奴などに影響を与えた。

（3）「オアシスの道（絹の道）」

　「オアシスの道（絹の道）」は，中国から中央ア

季節風貿易は季節風（モンスーン）を利用して海洋上の特定の二地域間を往復して行う貿易。特に，1～2世紀頃のインド洋において，ローマ帝国と南インド間で発展したんだ。

ダウ船
1本のマストに大きな三角帆を持つ帆船。

ジャンク船
補強された船体と台形型の帆を持つ，中国における伝統的帆船。

スキタイ
前6～前3世紀にかけてウクライナを支配した遊牧民。

ジアのオアシス都市（天山南路）を結び，イラン北部やメソポタミアなどを経て地中海東岸に至る陸上の交通路である。主要な交易品として中国産の絹が運ばれたことから，「絹の道」という名称が付いた。

前近代に東西交流を担った人々

交通路や交通手段の未発達であった前近代に，東西交流を担った人々がいた。たとえば，4世紀から7世紀にかけては，求法僧たちが経典を求めて東西間を行き来した。

代表的な求法僧

人物	旅行年と往路→復路	著作
法顕（ほっけん）	4〜5世紀，陸→海	『仏国記（ぶっこくき）』
玄奘（げんじょう）	7世紀，陸→陸	『大唐西域記（だいとうさいいきき）』
義浄（ぎじょう）	7世紀，海→海	『南海寄帰内法伝（なんかいききないほうでん）』

また「モンゴルの世紀」にも，相対的平和の保たれたユーラシア大陸を往来する人々が存在した。

モンゴル時代の使節と旅行家

人物	事項
モンテ＝コルヴィノ	中国で初の大司教となる
マルコ＝ポーロ	ヴェネツィア出身の大旅行家
イブン＝バットゥータ	ムスリム旅行家。中国からアフリカを旅行

玄奘

唐の太宗（たいそう）の命令で陸路でインドへ留学した僧。仏教学院のナーランダー僧院で学ぶ。三蔵（さんぞう）法師の別名があり，のちに『西遊記（さいゆうき）』のモデルとなった。

マルコ＝ポーロ

1254〜1324。ヴェネツィア商人。元のフビライに厚遇され，帰国後には『世界の記述（東方見聞録）』を著し，その中で黄金の国ジパングの存在などが語られる。

イブン＝バットゥータ

14世紀。モロッコ出身の大旅行家。旅行の見聞記を『三大陸周遊記』としてまとめる。

16 ～ 18 世紀の東西交渉史

　大航海時代が本格化した 16 世紀になると，世界的規模での交易が展開されるようになり，諸地域間の結びつきが密になった。

　17 ～ 18 世紀には大西洋を取り囲む三角貿易が行われ，ヨーロッパからアフリカに武器や雑貨を，アフリカから西インド諸島・新大陸に黒人奴隷を，そしてそこからヨーロッパへ綿花や砂糖などの作物などを運んだ。

アメリカ大陸において植民者が先住民を酷使し，多数の先住民が亡くなりました。その結果，新たな労働力としてアフリカから黒人を連行してきました。

大西洋三角貿易

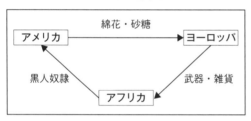

　一方，新大陸・フィリピン・明代の中国・日本の間でも，銀を中心とした交易が展開された。

新大陸とアジア間貿易

19 世紀の東西交渉史

19 世紀は「移民の世紀」とも呼ばれる。イギリスに代表される欧米諸国が世界進出をした結果，植民地の鉱山やプランテーションなどで，大量の労働力が必要となった。ここに労働力として移民が大量に流れ込んだ。特にアメリカが最大の受け入れ国となった。

こうした移民には，時期や出身地によって分けられた，「旧移民」と「新移民」が存在する。

プランテーション
商品作物栽培を目的とした大農園制のこと。

旧移民と新移民

旧移民

時期	19 世紀
出身	西欧・北欧
信仰	プロテスタント中心
特徴	①イギリス人移民が多かった ②ジャガイモ飢饉に伴うアイルランド人移民や三月革命に伴うドイツ人移民なども見られた

新移民

時期	19 世紀後半〜 20 世紀前半
出身	東欧・南欧
信仰	カトリック中心
特徴	①イタリア人・日本人移民が増加 ②ロシアでのユダヤ人差別に伴うユダヤ系ロシア移民も見られた

ジャガイモ飢饉
1840 年代半ばにジャガイモの疫病による凶作で発生したアイルランドの飢饉。100 万人以上が餓死する一方でほぼ同数の人がイギリスやアメリカに移住した。

三月革命
1848 年にフランス二月革命の影響を受け，ベルリンで起きた革命。

No.1 13世紀以降のアジア諸地域に関する記述として，妥当なのはどれか。 【特別区】

1 チャガタイ＝ハン国の内紛から，ティムールがカラコルムを都として王朝をおこし，アンカラの戦いでオスマン軍を破り，西アジアにまで領土を拡大した。

2 ティムール帝国の衰えに乗じて，イランでは神秘主義教団によって，イル＝ハン国がおこり，アッバース1世の時代に最盛期を迎えた。

3 13世紀末，西方に進出したトルコ人は，オスマン帝国を建設し，メフメト2世のときにコンスタンティノープルへ首都を移した。

4 ムガル帝国ではインド＝イスラーム文化が開花し，アンコール＝ワットに代表されるイスラーム建築が発展した。

5 15世紀初め，マレー半島にアユタヤ朝がおこり，海上交易の中心地として周辺海域と結びついた。

No.2 18世紀以降の東ヨーロッパに関する記述として，妥当なのはどれか。 【特別区】

1 ポーランドは，18世紀後半にロシア・プロイセン・オーストリアにより領土を分割され消滅したが，第一次世界大戦後に独立を回復した。

2 プロイセン＝オーストリア戦争の勝利でハンガリーを獲得したオーストリアは，ハンガリーの自治権を奪い，オーストリア＝ハンガリー帝国が成立した。

3 オスマン帝国がオーストリアとの戦争に敗れた結果，サン＝ステファノ

条約とベルリン条約が結ばれたことで，オスマン帝国は滅亡した。

4 第一次世界大戦後のヤルタ会談において，民族自決の原則に基づいて，ポーランド・ハンガリー・ユーゴスラヴィアが独立した。

5 ポーランド・ハンガリーなど東欧7か国は，ソ連とともにワルシャワ条約機構を結成して経済相互援助会議（コメコン）に対抗した。

正答と解説

No.1 の解説

1✕ 首都はカラコルムではなく，**サマルカンド**である。

2✕ イル＝ハン国ではなく，**サファヴィー朝**である。

3⭕ 1453年にビザンツ帝国を滅ぼした。

4✕ アンコール＝ワットではなく，**タージ＝マハル**である。

5✕ アユタヤ朝ではなく，**マラッカ王国**である。

No.2 の解説

1⭕ ポーランド王国は18世紀後半に3回の分割で消滅した。

2✕ オーストリア＝ハンガリー帝国は，プロイセン＝オーストリア戦争でオーストリアが敗れた結果，領国内の民族運動に対応するため，フランツ＝ヨーゼフ1世がオーストリア皇帝とハンガリー国王を兼ねる同君連合国家として，1867年に成立した。

3✕ オスマン帝国は第一次世界大戦で敗れ，**セーヴル条約**によって領土を大幅に縮小された。これに対抗してムスタファ＝ケマルがアンカラ政府を立ち上げてスルタン制の廃止を宣言し，オスマン帝国は滅亡した。

4✕ ヤルタ会談ではなく，**パリ講和会議**である。

5✕ 経済相互援助会議（コメコン）ではなく，**北大西洋条約機構（NATO）**である。

英語のことわざ

英語のことわざは，日本語のことわざと内容は似ているが表現が違うものもある。知らない言い回しが出た場合は，英語を直訳してそこから意味を推測しよう。

● It is no use crying over spilt milk.
（こぼれたミルクのことを嘆いても無駄である。）
⇒覆水盆に返らず（終わったこと，起こったことを悩んでもしょうがない）

● Better be the head of a dog than the tail of a lion.
（ライオンのしっぽであるより，犬の頭であるほうがよい。）
⇒鶏口牛後（大集団で人に使われるよりも，小さな集団でも人の上に立つほうがよい）

● Haste makes waste. （急ぐことは無駄を生む。）
⇒急がば回れ，せいては事を仕損じる（急ぐときは，遠くても安全で確実な道を通ったほうが結局早く目的を達成できる）

● To set the wolf to keep the sheep.
（羊を囲うためにオオカミをあてがうこと。）
⇒猫にカツオ節（好物を近くに置いては油断できない）

● One good turn deserves another.
（一つのよい行いは，もう一つ別のに値する。）
⇒情けは人のためならず（人に対してよい行いをすれば，巡り巡って自分によい報いが返ってくる）

●(It's) Easier said than done.
（することよりも言うことのほうが簡単だ。）
⇒言うは易く行うは難し（口で言うのは簡単だが，それを実行するのは難しい）

● When you are in Rome do as the Romans do.
（ローマにいるときは，ローマ人のようにせよ。）
⇒郷に入りては郷に従え（新しい土地に来たら，その土地の習慣に合った行動をせよ）

地　理

テーマ **01**

地形・気候

・さまざまな地形の成因を理解しよう。
・大気や海流の動きから，世界各地の気候の成因を理解し，地形との関係も考えよう。

1 沖積平野の地形

　河川の堆積作用によって形成される平地を沖積平野と呼ぶ。山地を源流とする河川は，上流の山地を侵食し，運搬した土砂を河口より手前に堆積させる。特徴的な地形は上流部から，**扇状地→氾濫原→三角州**の順に形成される。

扇状地

　河川が山地から平地に出る谷口部分に，砂礫が堆積して形成された扇形の地形を扇状地という。中央部（扇央）で地下に浸透し（**伏流水**），扇端で**湧水**となる。河川は普段水流のない**水無川**となる。**甲府盆地**など。

氾濫原

　河川が氾濫し，流路の周辺に土砂が堆積して形成された低平地を氾濫原という。河道沿いに帯状に堆積した微高地の**自然堤防**と，その背後の後背湿地がある。

沖積平野と構造平野
沖積平野の周辺には，隆起した洪積大地が形成されることがある。河川の作用による沖積平野に対し，風雨の侵食によって形成された平地を構造平野という。構造平野は大陸で見られる。

天井川（てんじょうがわ）
扇状地などで，土砂の運搬量が多く，河床（かしょう）が周囲より高くなった天井川ができることがある。

自然堤防と後背湿地
河川の氾濫を避けるため自然堤防には集落が，標高が低く浸水しやすい後背湿地には水田が立地する。

三角州

　河口付近に砂泥が堆積して形成された低平地を三角州（デルタ）という。河川は分流し，水はけが悪い低湿地となりやすい。高潮などの被害を受けやすいが交通の便がよく，人口が集まり都市が形成されている場所が多い。淀川河口の大阪など。

ナイル川，アマゾン川，ガンジス川，メコン川などの河口付近には広大なデルタが形成される。

2　海岸の地形

　海岸の地形は海水が後退した離水海岸，浸入した沈水海岸に分類できる。特に沈水海岸は特徴がはっきりしている。

海岸段丘
離水海岸の一種で，段階的に海岸線が後退することで階段状の丘が海岸に並行している。

離水海岸

　浅い平坦な海底が陸地化すると海岸平野となる。九十九里浜など。

フィヨルド

　氷河が山地を侵食して形成されたU字谷に海水が浸入したものをフィヨルドという。入り江が細長く陸地の奥まで食い込んでいる。スカンディナヴィア半島のノルウェーなど。

 **リアス海岸**

河川が浸食した山地のV字谷に海水が浸入してできた。海岸線はのこぎりの歯のように複雑となる。三陸海岸など。

 三角江

河川の堆積作用が弱い場合，河口部が海流などにより侵食されたラッパ上の入り江を三角江（こう）という。イギリスのテムズ川，アルゼンチンなどのラプラタ川など。

 **砂浜海岸**

河川が運搬した土砂が沿岸流により堆積し，砂浜海岸が形成される。高く積もると砂丘となる。細長い砂州（さす）や砂嘴（さし）が形成されることもある。

3 **特殊な地形**

気候や地質などの条件がそろわないと形成されない特殊な地形も押さえておきたい。

 氷河地形

カール（圏谷）：山岳氷河によって半椀状に侵食された地形。周囲をカールによって削り取ら

三陸海岸

東北地方太平洋岸のリアス海岸で，沖で海溝型の地震が発生すると大きな津波の被害にあいやすい。

エスチュアリーは三角江の別名。テムズ川のエスチュアリーの奥にあるのがロンドンです。

れ, 切り立った岩峰をホルン（ホーン）と呼ぶ。

U字谷：氷河の浸食により形成されたU字谷。
海水が浸入するとフィヨルドになる。

モレーン：氷河が運搬した土砂が堆積して形成
された。氷堆石とも呼ばれる。

カルスト地形

石灰岩が水に溶かされて形成された溶食地形を
カルスト地形という。ドリーネ→ウバーレ→ポリ
エの順にくぼ地が拡大する。日本では山口県の秋
吉台など各地に分布する。

サンゴ礁

造礁生物の遺骸や分泌物により形成された石灰
質の岩礁をサンゴ礁という。亜熱帯や熱帯の海域
に形成される。

火山地形

火山の噴火に伴う溶岩や火山灰などにより形成
される地形を火山地形という。火山の形状は多様
で, 噴火によるくぼ地をカルデラと呼ぶ。阿蘇山
など。

ホルン（ホーン）
アルプス山脈や飛騨山
脈などの高峰に見られ
る。

大陸氷河
南極大陸やグリーンラ
ンドなどの大地を覆う
氷河。厚さは数千mに
も達する。

タワーカルスト
塔のように突き出した
むき出しの岩石がそび
え立つ。中国のコイリ
ンなど。

オーストラリア北東
部の海域にある世界
最大級のサンゴ礁が
グレートバリアリー
フ。大堡礁（だいほ
しょう）とも呼ばれ
ます。

気候の三大要素は**気温・風・降水量**である。気候因子（緯度・地形・標高・海からの隔たりなど）により気候がさらに特徴づけられる。

年較差

	年較差大	年較差小
地域	大陸性気候…暖まりやすく冷めやすい	海洋性気候…暖まりにくく冷めにくい
緯度	高緯度…夏と冬の日射量の差が大きい	低緯度…日射量の変化が小さい

風（大気の大循環）

風は気圧の高いところから低いところへ吹く。

風の種類	風向
貿易風	中緯度高圧帯→赤道低圧帯
偏西風	中緯度高圧帯→亜寒帯低圧帯
季節風（モンスーン）	夏：海洋 → 大陸　湿った風 冬：大陸 → 海洋　乾いた風

降水量

低気圧は降水，高気圧は乾燥をもたらす。

降水量が多い	赤道低圧帯亜寒帯低圧帯	水蒸気を含む上昇気流が雨を降らせる
降水量が少ない	中緯度高圧帯極高圧帯	下降気流が強く大気は乾燥する

気温の逓減率（ていげんりつ）

標高100m上がるごとに気温は0.5〜0.6℃下がっていく。

貿易風

北半球では北東，南半球は南東から吹く。

モンスーンアジア

日本などの東アジア，東南アジア，インドなどの南アジアなど季節風の影響が強いアジアの地域。

気圧帯

季節によって南北にその勢力範囲を変える。中緯度高圧帯は1月に南へ，7月には北へと移動する。

5 ケッペンの気候区分

○樹木がある気候

ドイツの気候学者ケッペンが分類した気候区分。降水量の季節変化と植生に注目しよう。

＜最寒月平均気温18℃以上＞

気候区	特徴	分布	植生	土壌
熱帯雨林気候 (Af)	年中多雨	赤道付近アマゾン川流域	常緑広葉樹の密林	ラトソル
熱帯モンスーン気候 (Am)	モンスーンによる弱い乾季がある	インドシナ半島など	常緑広葉樹の密林	ラトソル 黄赤色土
サバナ気候 (Aw)	雨季と乾季が明瞭	オーストラリア北部など	丈の高い草原のサバナ，疎林	ラトソル 赤色土

＜最寒月平均気温18℃未満〜−3℃以上＞

気候区	特徴	分布	植生	土壌
地中海性気候 (Cs)	夏は中緯度高圧帯で乾燥。冬は偏西風で湿潤	地中海沿岸，カリフォルニア，チリ	オリーブなど硬葉樹の栽培	テラロッサ
温暖冬季少雨気候 (Cw)	夏はモンスーンで高温多雨	華南 アフリカ中南部	常緑広葉樹	赤色土 黄色土
温暖湿潤気候 (Cfa)	四季が明瞭で気温の年較差が大	日本 北米大西洋岸	常緑広葉樹 落葉広葉樹 針葉樹	褐色森林土 パンパ土
西岸海洋性気候 (Cfb)	気温の年較差が小	西ヨーロッパ	落葉広葉樹	褐色森林土

＜最寒月平均気温 − 3℃未満，最暖月平均気温 10℃以上＞

気候区	特徴	分布	植生	土壌
亜寒帯湿潤気候 （Df）	気温の年較差が大，年中湿潤	シベリア西部，北米北部	タイガ	ポドゾル
亜寒帯冬季少雨気候（Dw）	気温の年較差が大，冬季は乾燥	シベリア東部，中国東北部	タイガ	ポドゾル

○低温が理由で樹木がない気候

気候区	特徴	分布	植生	土壌
ツンドラ気候 （ET）	最暖月は0度以上	北極海沿岸	夏にこけ類，地衣類	ツンドラ土
氷雪気候 （EF）	年中凍結	グリーンランド 南極	植生はほぼない	
高山気候 （H）	年中常春	アンデス チベット	疎林・草原	礫砂漠状

○乾燥が理由で樹木がない気候

気候区	特徴	分布	植生	土壌
砂漠気候 （BW）	年降水量250mm未満	回帰線付近	植生は少ない，オアシス農業	砂漠土
ステップ気候 （BS）	長い乾期と短い雨季	砂漠の周辺	ステップ小麦栽培	チェルノーゼム

6　海流

　日本近海だけでなく，世界の海流について，流れる方向を決める大気の循環を理解し，暖流と寒流の区別をつけよう。

海流の方向

　地球の自転で遠心力が最も強く働く赤道付近を中心に，北半球では時計回り，南半球では反時計回りとなる。

暖流と寒流

　暖流は低緯度地方から高緯度地方へ，寒流は高緯度地方から低緯度地方へと流れる。暖流の沿岸は降水量が多い。寒流の沿岸は降水量が少なく，砂漠が発達することがある。

北半球	暖流	大陸の東沿いを北上	日本海流（黒潮） メキシコ湾流
	寒流	大陸の西沿いを南下	カリフォルニア海流 カナリア海流
南半球	暖流	大陸の東沿いを南下	東オーストラリア海流 ブラジル海流
	寒流	大陸の西沿いを北上	ペルー海流 ベンゲラ海流

次は，ケッペンの気候区分に関する記述であるが，ア～エに当てはまるものの組合せとして最も妥当なのはどれか。

【国家一般職／税務／社会人】

気候学者のケッペンは，地域ごとに異なる植生に着目して世界の気候を地域区分した。その基準は，最暖月と最寒月の平均気温，および最多降水月と最少降水月の月平均降水量などである。

ケッペンの気候区分では，まず乾燥のために樹木が生育できない乾燥気候（B）とそれ以外の気候とに大別される。また，乾燥気候以外の気候は温度の基準によって，熱帯気候（A：最寒月の平均気温 ア ℃以上），温帯気候（C：最寒月の平均気温 − 3℃以上 ア ℃未満），冷帯気候（D：最寒月の平均気温 − 3℃未満で最暖月の平均気温 10℃以上），寒帯気候（E：最暖月の平均気温 10℃未満）に区分される。

温帯気候（C）のうち， イ 気候（Cs）は ウ に亜熱帯高圧帯の影響を受け乾燥し，また，温暖 エ 季少雨気候（Cw）は エ に乾燥し， ウ にモンスーンなどの影響を受け降水量が多い。

	ア	イ	ウ	エ
1	18	地中海性	夏	冬
2	18	地中海性	冬	夏
3	18	西岸海洋性	夏	冬
4	10	地中海性	冬	夏
5	10	西岸海洋性	冬	夏

No.2 アメリカ合衆国の自然環境に関する記述の空欄ア～ウに当てはまる語句の組合せとして妥当なのはどれか。　【地方初級】

・ | ア | 山脈は，新期造山帯である。

・西経 100 度 | イ | は，乾燥した地域が広がっている。

・カリフォルニアは， | ウ | 気候である。

	ア	イ	ウ
1	ロッキー	以東	地中海性
2	アパラチア	以西	西岸海洋性
3	ロッキー	以東	西岸海洋性
4	ロッキー	以西	地中海性
5	アパラチア	以東	地中海性

正答と解説

No.1 の解説

ア：18℃。熱帯気候は最寒月の平均気温が 18℃以上である。

イ：Cs は**地中海性気候**である。

ウ：地中海性気候は夏に**中緯度高圧帯**の影響を受ける。

エ：地中海性気候は冬に乾燥する。よって正答は **1** である。

No.2 の解説

ア：ロッキー山脈は**環太平洋造山帯**の一部で，新期造山帯。アパラチア山脈は古期造山帯である。

イ：西経 100 度付近を境に，西側に乾燥した地帯が広がっている。

ウ：地中海性気候が正しい。よって正答は **4** である。

農業・漁業・鉱業

テーマ 02 ★★

・自然条件と産業の発展の条件を関連づけよう。
・それぞれの産業の持つ特性を理解し，どの地域で盛んに行われているかを理解しよう。

---

1 世界の農牧業

　発達の歴史や規模などから自給的農牧業，商業的農牧業，企業的農牧業に大きく分けられる。

自給的農牧業

（1）移動式焼畑

　焼畑とは，主に熱帯や亜熱帯で山林や森林を焼き払い，その灰を肥料にして耕作する農業である。キャッサバ，タロイモ，陸稲などを栽培する。

（2）遊牧

　草と水を求め家畜とともに移動し，家畜の乳，肉，毛皮などによる自給的な生活を遊牧という。ヒツジ，ヤギ，ラクダ，トナカイなど土地の気候や風土に合った家畜を飼育する。

（3）オアシス農業

　地下水路（カナートなど）や外来河川を水源とした乾燥地域の灌漑農業をオアシス農業という。ナツメヤシ，綿花，小麦の栽培が盛んである。

遊牧（民）
モンゴルなどに多いが，現代では定住が進む。

カナート
イランでの地下水路の名称。アフガニスタンではカレーズ，北アフリカではフォガラ。

ナツメヤシ
西アジアや北アフリカなどで栽培される。甘味の原料。

（4）アジア式米作農業

　モンスーンアジアの沖積平野で発達した米作中心の農業で，経営規模が小さく労働生産性が低い。

（5）アジア式畑作農業

　米作に適さないアジアでの畑作を中心とした農業で，主に小麦，綿花，大豆などを栽培する。

商業的農牧業

（1）地中海式農業

　地中海性気候の地域で，夏は乾燥に耐える樹木作物（オリーブ，ブドウ，コルクがし，柑橘類），降水の多い冬は自給用作物（小麦）を栽培する。ヨーロッパ南部，カリフォルニアなど。

（2）混合農業

　中世ヨーロッパの三圃式農業から発達した，作物栽培と家畜飼育（牛，豚など）を組み合わせたヨーロッパの代表的な農業で，交互に栽培する作物を変える輪作により地力を保持する。土地生産性，労働生産性ともに高い。食用（小麦，ライ麦），飼料用（大麦，エン麦）などを栽培。

（3）酪農

　牧草や飼料作物を栽培して乳牛を飼育し，乳やその加工品を生産する集約的農業で，ヨーロッパ

オリーブ
実をしぼって食用油の原料とする。

コルクがし
ワインの瓶の栓の原料となる。

大麦，ライ麦
小麦よりも寒冷な気候に強く，ドイツやロシアなどでの生産量が多い。ライ麦はパンの材料となる。

各地や北米五大湖周辺で盛ん。

（4）園芸農業

　都市への出荷を目的に，園芸作物（草花，野菜，果実）を集約的に生産する。資本，技術，労働力の投下が大きく，土地生産性が高い。オランダなどで盛ん。

企業的農牧業

（1）企業的穀物農業

　広大な土地に大型機械を導入し，商品としての作物を大量生産する。土地生産性は低いが労働生産性はとても高い。小麦，トウモロコシなどを栽培し，南北アメリカやオーストラリア，ロシアで盛ん。

（2）企業的牧畜業

　ステップ気候の地域を中心に，肉類や羊毛などの販売を目的として大規模な牧畜業を展開する。南北アメリカやオーストラリアで盛ん。

（3）プランテーション

　熱帯から亜熱帯で行われている商品作物の単一栽培（モノカルチャー）。欧米の資本や技術を導入し，アフリカやアジアなどで低賃金労働力を利用していることが多い。主にサトウキビ，コー

ヒー, カカオ, 綿花, 天然ゴムなどを栽培している。

主な農産物の生産上位国

米（2018年）

1位：中国

2位：インド　3位：インドネシア

小麦（2018年）

1位：中国

2位：インド　3位：ロシア

トウモロコシ（2018年）

1位：アメリカ合衆国

2位：中国　3位：ブラジル

---

2 世界の主な漁場

世界の漁場（2017年）万t

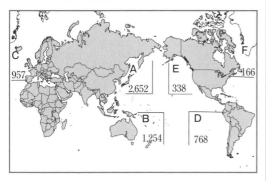

A　太平洋北西部（千島海流, 日本海流）

漁獲量が最も多く潮目の広がる好漁場。

潮目

暖流と寒流がぶつかり, プランクトンが豊富で好漁場となる。

B　太平洋中西部（東オーストラリア海流）

カツオの漁獲が多く缶詰などに加工。

C　大西洋北東部（北大西洋海流）

バンク（浅堆）でのトロール漁業。

D　太平洋南東部（ペルー海流）

アンチョビーの漁獲が多い。

E　太平洋北東部（カリフォルニア海流）

マスやサケが河川をさかのぼる。

F　大西洋北西部（メキシコ海流）

バンクが広がる。タラ，ニシン，鮭

バンク
海底が特に浅い海域
で，太陽光が海底まで
届くため海草など魚類
の生育に適した好漁場
となる。

3　エネルギー資源

　鉱工業では，石炭や原油の産地に関する出題が
多い。アメリカ合衆国，中国，インドは資源の産
出も輸入も多いことに注意しよう。

石炭の主要産出・輸出・輸入国（2017 年）

	生産国（炭田）	輸出国	輸入国
1位	中国 （フーシュン）	インドネシア	中国
2位	インド （ダモダル）	オーストラリア	インド
3位	インドネシア （テンガロン）	ロシア	日本
4位	オーストラリア （モウラ）	コロンビア	韓国

石炭は古生代の植物
の化石が炭化してで
きる。古生代に隆起
し造山運動を終えた
古期造山帯付近に多
いのだ。アメリカ合
衆国のアパラチア山
脈，オーストラリア
のグレートディヴァ
イディング山脈な
ど。

166

	生産国（炭田）	輸出国	輸入国
5位	アメリカ合衆国（アパラチア）	アメリカ合衆国	台湾
6位	ロシア	南アフリカ	ドイツ
7位	南アフリカ	カナダ	トルコ
8位	カザフスタン	モンゴル	マレーシア
9位	コロンビア	カザフスタン	ロシア
10位	ポーランド	モザンビーク	タイ

（世界国勢図会 2020/21）

原油の産出・輸出・輸入上位国

（産出は 2019 年，輸出・輸入は 2017 年）

	生産国（油田）	輸出国	輸入国
1位	アメリカ合衆国（メキシコ湾，カリフォルニア）	サウジアラビア	中国
2位	ロシア（チュメニ，ヴォルガ＝ウラル）	ロシア	アメリカ合衆国
3位	サウジアラビア（ガワール）	イラク	インド
4位	イラク（キルクーク）	カナダ	日本
5位	カナダ（アルバータ）	アラブ首長国連邦	韓国
6位	中国（ターチン）	イラン	ドイツ

（世界国勢図会 2020/21）

石炭の利用
火力発電などの燃料のほか，製鉄業で大量に消費される。そのため，近代的な製鉄業が発展し始めた頃，工場は石炭の産地に近い地域に立地することが多かった。

天然ガス
原油などと比べて燃焼の際に発生する二酸化炭素や窒素酸化物などが少なく，クリーンエネルギーと呼ばれる。

鉄鉱石の分布
安定陸塊に多く分布する。オーストラリアやブラジル高原など。

ボーキサイトの分布
低緯度の熱帯地域の土壌に多く含まれる。

レアメタル
マンガン以外にもコバルト，タングステンなどの埋蔵量は少ないが合金，先端技術産業の材料として需要が多い。採掘の権利を巡って紛争も発生する。

天然ガスの産出国

1位：アメリカ合衆国　2位：ロシア

3位：イラン　4位：カナダ　5位：カタール

（世界国勢図会 2020/21）

主な金属資源の産出国

資源	産出国	用途
鉄鉱石 （2018 年）	①オーストラリア（ピルバラ）②ブラジル（カラジャス，イタビラ）③中国（アンシャン，ターイエ）④インド（シングブーム）⑤ロシア（マグニトゴルスク）	製鉄は重工業の基幹産業。各種機械の材料，建材など
銅鉱 （2015 年）	①チリ（チュキカマタ）②中国③ペルー　④アメリカ合衆国	電線，電気製品，合金
ボーキサイト （2017 年）	①オーストラリア（ウェイパ）②中国③ギニア④ブラジル	アルミニウムの原料
鉛鉱 （2016 年）	①中国②オーストラリア③アメリカ合衆国④ペルー	蓄電池
亜鉛鉱 （2017 年）	①中国②ペルー③オーストラリア④インド	トタン，合金
すず鉱 （2017 年）	①中国②インドネシア③ミャンマー④ボリビア	ブリキなどのメッキ
ニッケル鉱 （2016 年）	①フィリピン②ロシア③カナダ④オーストラリア	ステンレス
金鉱 （2017 年）	①中国②オーストラリア③カナダ④アメリカ合衆国	装飾，貴金属，貨幣
銀鉱 （2016 年）	①メキシコ②ペルー③中国④ロシア	装飾，ハイテク製品の部品
マンガン （2016 年）	①南アフリカ②中国③オーストラリア④ガボン	合金，製鉄

（世界国勢図会 2020/21）

TRY! ▶ 過去問にチャレンジ

No.1 　次のグラフは，世界の鉄鉱石，ボーキサイト，銅鉱のそれぞれの生産量（2011年）について国別の割合で示したものである。A，B，Cに当てはまる国名の組合せとして最も妥当なのはどれか。 **【国家一般職／税務／社会人】**

| 鉄鉱石 | 中国 29.6 | A 19.9 | B 17.8 | インド 11.1 | ロシア 4.3(%) | その他 17.3 |

| ボーキサイト | A 27.0 | 中国 17.4 | インドネシア 15.4 | B 13.0 | インド 7.3 (%) | その他 19.8 |

| 銅鉱 | C 32.7 | 中国 8.1 | ペルー 7.7 | アメリカ合衆国 6.9 6.0 (%) | その他 38.6 |

出典：『世界国勢図会 2014／2015年版』より引用・加工
ただし，四捨五入のため，割合の合計が100%にならない場合がある。

	A	**B**	**C**
1	オーストラリア	ブラジル	南アフリカ共和国
2	オーストラリア	ブラジル	チリ
3	ブラジル	オーストラリア	南アフリカ共和国
4	ブラジル	南アフリカ共和国	チリ
5	チリ	オーストラリア	南アフリカ共和国

正答と解説

No.1 の解説

A：ボーキサイトの生産が世界第1位はオーストラリアである。

B：鉄鉱石が第3位，ボーキサイトが第4位なのはブラジルである。

C：銅鉱の産出が世界第1位なのはチリである。よって正答は**2**である。

テーマ 03 ★★★ 各国地誌

・主な国の位置や大きなどを世界地図で把握しよう。
・各国の文化や産業の特徴を理解しよう。

1 東・東南アジア

（面積：千㎢）（人口：万人／2020年）

国名	面積	人口	主要民族	宗教	輸出品
中華人民共和国	9,597	143,932	漢民族など	儒教，仏教	機械類，衣類，精密機械
改革・開放政策により急激に経済成長し，沿岸部と内陸部の経済格差が拡大した。「世界の工場」。BRICS の一つ。社会主義国					
大韓民国	100	5,127	韓民族	仏教，キリスト教	自動車
漢江の奇跡による経済成長。アジア NIES の一つ					
タイ	513	6,980	タイ族	仏教	自動車
世界有数の米の輸出国。天然ゴムの生産国					
マレーシア	331	3,237	マレー系，中国系	イスラム，仏教	パーム油
中国系が多くマレー系を優遇（ブミプトラ政策）。天然ガスの産出					
シンガポール	0.7	585	中華系，マレー系	仏教	機械類
多民族国家。中継貿易で発展。金融センター					
インドネシア	1,911	27,352	マレー系	イスラム	石炭，パーム油
赤道付近に約 14,000 の島々。鉱産資源が豊富					

国名	面積	人口	主要民族	宗教	輸出品
フィリピン	300	10,958	マレー系	カトリック	機械類
	コプラ，バナナの生産。カトリックが多数派				
ベトナム	331	9,734	キン族	仏教，カトリック	衣類
	ドイモイ政策で経済成長。米とコーヒーの輸出国				

（データブック オブ・ザ・ワールド 2021 年版）

2 南アジア

（面積：千㎢）（人口：万人／ 2020 年）

国名	面積	人口	主要民族	宗教	輸出品
インド	9,597	138,000	インド・アーリア族	ヒンドゥー教	石油製品，ダイヤモンド
	ガンジス川流域は穀物，デカン高原は綿花栽培。製鉄，自動車生産が急増，ICT 産業も発展。BRICS の一つ				
パキスタン	796	22,089	パンジャブ人	イスラム	衣類
	パンジャブ地方での綿花栽培。インドとの対立				
バングラデシュ	148	16,469	ベンガル人	イスラム	衣類，繊維品
	ガンジスデルタでのジュート栽培。サイクロンの被害				
スリランカ	66	2,141	シンハラ人，タミル人	仏教	繊維品，茶
	茶の輸出国。シンハラ人とタミル人の対立が深刻				

（データブック オブ・ザ・ワールド 2021 年版）

3 西アジア・中央アジア

（面積：千㎢）（人口：万人／ 2020 年）

国名	面積	人口	主要民族	宗教	輸出品
イラン	11,629	8.399	ペルシャ人	イスラム（シーア派）	原油
	カナートによる灌漑農業。原油の輸出国				
イラク	435	4,022	アラブ人	イスラム	原油
	メソポタミア文明発祥。原油の輸出国。政情が不安定				
サウジアラビア	2,207	3,481	アラブ人	イスラム	原油
	世界有数の産油国。イスラムの聖地メッカがある				
トルコ	794	8,434	トルコ人	イスラム	機械類
	西ヨーロッパとの関係が深い。農業は小麦，オリーブ				

（データブック オブ・ザ・ワールド 2021 年版）

4 オセアニア

（面積：千㎢）（人口：万人／ 2020 年）

国名	面積	人口	主要民族	宗教	輸出品
オーストラリア	7,692	2,550	欧州系など	キリスト教	鉄鉱石，石炭，天然ガス
	国土の大半が乾燥地帯で羊の放牧が盛ん。南部では小麦を栽培。鉱産資源が豊富。白豪主義から多文化社会へ				
ニュージーランド	268	482	欧州系	キリスト教	乳製品
	牧羊が盛ん。先住民マオリ族				

（データブック オブ・ザ・ワールド 2021 年版）

5 ヨーロッパ

（面積：千㎢）（人口：万人／ 2020 年）

国名	面積	人口	主要民族	宗教	輸出品
イギリス	242	6,789	アングロサクソン	英国国教会	機械類, 自動車, 医薬品
イングランドなどの連合王国。北海油田の開発。国民投票により 2020 年に EU 脱退。産業革命発祥の地					
フランス	338	6.752	フランス系	カトリック, イスラム	航空機
EU 最大の農業国，小麦の輸出国。工業も発達					
ドイツ	358	8,378	ドイツ系	カトリック, プロテスタント	機械類，自動車
ルール工業地帯など EU 最大の工業国。ライン川の水運					
オランダ	42	1,714	オランダ系	カトリック, プロテスタント	石油製品
干拓地ポルダーでの酪農，園芸農業。花きなどの輸出					
イタリア	242	6,789	イタリア系	カトリック	衣類
南北の経済格差。南部は農業地帯，北部は工業地帯					
スペイン	506	4,676	スペイン系	カトリック	自動車
地中海性気候でのオリーブなどの栽培。自動車の生産					
ノルウェー	324	542	ノルウェー系	プロテスタント	原油，魚介類
フィヨルドが発達。北海油田。EU には非加盟					

国名	面積	人口	主要民族	宗教	輸出品
スウェーデン	439	1,010	スウェーデン系	プロテスタント	自動車，紙類
鉄鉱石を輸出。森林資源が豊富。福祉先進国					
デンマーク	43	579	デンマーク系	プロテスタント	肉類，医薬品
酪農など畜産が発達。偏西風を利用した風力発電					
スイス	41	666	ドイツ系など	カトリック，プロテスタント	医薬品
永世中立国。アルプス山脈の観光業。金融業も盛ん					
ハンガリー	93	966	ハンガリー人	カトリック	自動車
ウラル系マジャール人の国。ドナウ川流域の穀倉地帯					
ポーランド	313	3,785	ポーランド系	カトリック	機械類
国土の大半は平原。南部で石炭を産出。大麦の生産国					
ロシア	17,098	14.593	ロシア人など	ロシア正教，イスラム	原油
エネルギー資源の輸出で経済成長。BRICS の一つ					
ウクライナ	604	4,373	スラブ系	ウクライナ正教および東方カトリック	鉄鋼
チェルノーゼムの穀倉地帯。鉄鉱石などの資源が豊富					

（データブック オブ・ザ・ワールド 2021 年版）

6 北アメリカ

（面積：千㎢）（人口：万人／ 2020 年）

国名	面積	人口	主要民族	宗教	輸出品
アメリカ合衆国	9,834	33,100	ヨーロッパ系, アフリカ系	プロテスタント, カトリック	機械類, 自動車
	大規模農牧業で世界中に農産物を輸出。自動車産業発祥の地。シリコンヴァレーが ICT 産業の中心				
カナダ	9.985	3,774	イギリス系など	カトリック	原油
	大規模農牧業。原油などの資源。フランス系も多い				

（データブック オブ・ザ・ワールド 2021 年版）

7 中・南アメリカ

（面積：千㎢）（人口：万人／ 2020 年）

国名	面積	人口	主要民族	宗教	輸出品
メキシコ	1,964	12,893	メスチソ	カトリック	自動車原油
	アメリカ合衆国へ工業製品, 原油などを輸出				
キューバ	110	1,133	欧州系	カトリック	鉱物
	社会主義国。アメリカ合衆国と国交回復				
コロンビア	1,142	5,088	メスチソ, 欧州系	カトリック	原油
	コーヒーや花の生産。鉱産資源が豊富				
ペルー	1,285	3,287	先住民	カトリック	銀, 銅
	インカ帝国が栄えた。太平洋のアンチョビー漁				

国名	面積	人口	主要民族	宗教	輸出品
ブラジル	8,516	21,256	欧州系	カトリック	鉄鉱石
	コーヒー生産世界一。鉄鉱石などの豊富な資源を活かした工業化。BRICS の一つ。アマゾン川は世界最大流域を持つ				
チリ	756	1,912	スペイン系	カトリック	銅，魚介
	南北に細長い。世界最大の銅産出量				
アルゼンチン	2,796	4,520	欧州系	カトリック	大豆
	パンパでの小麦栽培，牧牛，牧羊				

（データブック オブ・ザ・ワールド 2021 年版）

8 アフリカ

（面積：千㎢）（人口：万人／ 2020 年）

国名	面積	人口	主要民族	宗教	輸出品
エジプト	1,002	10,233	アラブ人	イスラム，キリスト教	石油製品
	ナイル川の灌漑による農業。アスワンハイダム				
アルジェリア	2,382	4,385	アラブ人	イスラム（スンナ派）	原油
	国土の大半がサハラ砂漠。アフリカ最大の面積				
エチオピア	1,104	11,496	オロモ族など	キリスト教	コーヒー
	高原の内陸国。コーヒーの原産地。牧畜が中心				
コートジボワール	322	2,638	セヌフォ族，バウレ族など	キリスト教，イスラム	カカオ
	ギニア湾に面す。ガーナとともにカカオの産地				

国名	面積	人口	主要民族	宗教	輸出品
ナイジェリア	924	20,614	ハウサ族,ヨルバ族など	イスラム,キリスト教,伝統宗教	原油
	アフリカ最大の人口。原油の輸出に依存				
ケニア	582	5,377	キクユ族など	伝統宗教	茶
	赤道直下の高原地帯。サバナは観光地化				
南アフリカ共和国	1,221	5,931	バントゥー族	キリスト教	鉄鋼
	豊富な鉱産資源によりアフリカ最大の工業国。人種隔離政策（アパルトヘイト）の撤廃。BRICS の一つ				

（データブック オブ・ザ・ワールド 2021 年版）

No.1 アジア各国の民族・宗教・言語に関するA～Dの記述のうち，妥当なもののみを挙げているのはどれか。

【国家一般職／税務／社会人】

A：インドネシアには多様な民族が住んでいるが，国民の過半数が仏教徒である。また，オランダ語が公用語となっている。

B：シンガポールでは，中国系住民が人口の過半数を占め，ほかにマレー系，インド系の住民がいる。英語，中国語など複数の言語が公用語となっている。

C：ベトナムでは，スペインの植民地であった影響から，カトリック教徒が人口の過半数を占めている。また，スペイン語とベトナム語が公用語となっている。

D：タイでは，大多数がタイ族であり，ほかに中国系，マレー系，山岳少数民族がいる。また，仏教徒が大半を占める仏教国である。

1 A，B **2** A，C **3** A，D
4 B，C **5** B，D

No.2 各国の信仰する宗教に関する記述中のア～ウそれぞれのa，bから妥当なものを選んだ組合せはどれか。 【地方初級】

キリスト教を信仰している国として，東南アジアでは，**ア**（a.フィリピン，b.インドネシア）が挙げられる。また，アフリカでは，**イ**（a.エジプトやリビア，b.南アフリカ共和国）がある。**ウ**（a.イタリア，b.ロシア）では，カ

トリックが多数を占めている。

	ア	イ	ウ
1	a	a	a
2	a	a	b
3	a	b	a
4	b	a	b
5	b	b	a

正答と解説

No.1 の解説

A：国民の大半はイスラームを信仰している。インドネシアには約350の民族が住んでおり，公用語はインドネシア語である。

B：妥当である。公用語は英語，中国語のほかにマレー語，タミール語。

C：ベトナムはフランスの植民地であった。国民の大半は仏教徒である。

D：妥当である。

よって正答は**5**である。

No.2 の解説

ア：aのフィリピンは国民の多くがキリスト教（カトリック）を信仰している。

イ：bの南アフリカ共和国は国民の約7割がキリスト教を信仰している。エジプトやリビアは主にイスラーム。

ウ：aのイタリアは国民の多くがカトリックを信仰している。ロシアはロシア正教が多数である。

よって正答は**3**である。

テーマ 04 日本の地理

★★

・日本の地形，気候などの特徴をとらえよう。
・日本の各産業の特徴をとらえ，貿易品目から，世界各国とのつながりを理解しよう。

1 日本の地形

　日本は4つのプレート（ユーラシアプレート，北アメリカプレート，太平洋プレート，フィリピン海プレート）からなる変動帯に位置し，急峻な山脈が連なる新期造山帯に属する。山地が国土の4分の3近くを占め平地は少ない。火山が多く，地殻活動が活発で地震が多い。

■フォッサマグナ…大地溝帯。西端は糸魚川－静岡構造線。東北日本と西南日本を分ける。
■中央構造線（メディアンライン）…西南日本を内帯（北側）と外帯（南側）に分ける断層。
　◇東北日本…山地と平地が並行している。
　◇西南日本　内帯…高原状のなだらかな山地。
　　　　　　　外帯…急峻な山地。紀伊山地，四国山地，九州山地が連なる。

新期造山帯
日本列島などの環太平洋造山帯，ユーラシア大陸の一部を占めるアルプス＝ヒマラヤ造山帯がある。

日本アルプス
フォッサマグナの西側に連なる飛騨山脈，木曽山脈，赤石山脈の総称。標高3000m前後の高山が多い。

日本海溝
海洋プレートが大陸プレートの下に沈み込み，地震が多発する。2011年の東日本大震災を引き起こした東北地方太平洋沖地震など。

火山フロント
マグマが噴出し火山が形成される地域。プレートの沈み込む海溝から一定の距離があり，奥羽山脈や北海道の大雪山などが位置する。

2 気候

本州以南の大半は温暖湿潤気候である。

（1）北海道

ケッペンの気候区分では亜寒帯湿潤気候。日本海側（札幌など）は冬にまとまった降雪がある。太平洋側（釧路など）は夏も冷涼で米作には適さない。梅雨がほとんどない。

（2）本州の日本海側

シベリアからの北西の季節風，暖流の対馬海流の影響で冬の降水量が多い。特に新潟付近は豪雪地帯である。北陸，山陰も積雪が多い。

季節風

海洋と大陸の配置関係により，日本では夏季に太平洋側の南東から，冬季にユーラシア大陸側の北西から吹く。

（3）本州の太平洋側

暖流の影響で降雪量は多くないが，降霜期が長い。オホーツク海気団による夏のやませは，一帯に冷害をもたらすことがある。夏に小笠原気団からの南東の季節風による降水量が多い。急峻な山地のある紀伊半島は日本で最も年間降水量が多い（3,000mm以上）。

やませ

夏の東北，北海道に吹く北東の局地風。

（4）中央高地

季節風の影響が弱く，年間を通して降水が少ない。夏と冬の気温差が大きい。長野など。

（5）瀬戸内

　北の中国山地，南の四国山地により季節風がさえぎられ，年間を通して降水が少ない。瀬戸内海に面し比較的温暖である。

（6）南西諸島

　沖縄などは緯度が低いため冬でも温暖である。台風などの熱帯低気圧の被害が大きい。

南西諸島など冬季の平均気温があまり下がらない温帯の地域の気候を亜熱帯と呼ぶことがあります。

3　日本の農業

食料自給率

　令和元年度の日本の食料自給率はカロリーベースで 38％，生産額ベースで 66％であった。日本の食料自給率は，自給率が高い米の消費が減少するに伴って低下傾向であるが，近年はやや横ばいで推移している。

品目別の自給率

米…97％，小麦…16％ 大豆…22％，野菜…79％，果実…38％， 肉類 52％，鶏卵…96％，牛乳・乳製品…59％

令和元年（概算）農林水産省食料需給表

米の生産

米は熱帯原産だが品種改良により寒冷地でも栽培が可能になった。そのため北海道，東北地方の生産量が多い。新潟県は冬の豪雪のため米の単作地帯となっている。

果実の栽培

内陸のため1日の気温の変化が大きく，水はけのよい扇状地が適している。またミカンのように日当たりのよい南向きの山の斜面が適することもある。

主な農産物の産地（2019年）

農産物	主な産地
米	①新潟　②北海道　③秋田
小麦	①北海道　②福岡　③佐賀
ジャガイモ	①北海道　②鹿児島　③長崎
サツマイモ	①鹿児島　②茨城　③千葉
リンゴ	①青森　②長野　③岩手
ミカン	①和歌山　②愛媛　③静岡
ブドウ	①山梨　②長野　③山形
モモ	①山梨　②福島　③長野
茶	①静岡　②鹿児島　③三重
乳用牛	①北海道　②栃木　③熊本
肉用牛	①北海道　②鹿児島　③宮崎
豚	①鹿児島　②宮崎　③北海道
肉用若鶏	①宮崎　②鹿児島　③岩手

4 日本の資源・エネルギー

　日本は，鉱産物の大半を輸入に依存している。1970年代前半の石油危機をきっかけに，石油への依存度を減らし，天然ガスや原子力を利用したエネルギーの割合が高まった。しかし，2011年の東日本大震災による福島第一原子力発電所事故以降は原子力の割合が低下し，石油のみならず，地球環境問題への配慮から，自然を利用した再生可能エネルギーの割合が高まった。

シラス台地
九州南部の鹿児島県を中心とした火山灰の堆積した台地。水田に適さずサツマイモの栽培や，飼料を生産して豚や牛などを飼育する畜産が盛んである。

石油危機
1973年，第四次中東戦争を契機とした原油の価格の急上昇。省エネルギーなどの政策の転換がはかられた。

原子力発電
温室効果ガスなどを排出しないが，核燃料となるウランなど放射性物質の取り扱いが難しく，発電のための原子炉には巨額の費用が掛かる。

再生可能エネルギー
水力，風力，太陽光，地熱など自然の中にある繰り返し利用できるエネルギー源。地球温暖化防止対策などのため利用が推進されている。

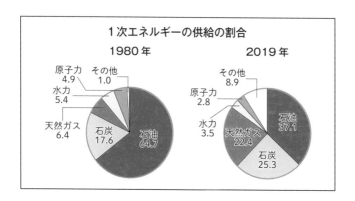

1次エネルギーの供給の割合

1980年

- 原子力 4.9
- その他 1.0
- 水力 5.4
- 天然ガス 6.4
- 石炭 17.6
- 石油 64.7

2019年

- その他 8.9
- 原子力 2.8
- 水力 3.5
- 天然ガス 22.4
- 石炭 25.3
- 石油 37.1

5 日本の工業

　各工業地域と主要都市の製造品に関する出題が多い。三大工業地帯（中京・阪神・京浜）の出荷額では中京の機械，阪神の金属の割合に注意しよう。

中小工場

従業員が300人未満の工場。日本の工場の99%以上を占める。

 三大工業地帯（2017年）

	出荷額の割合	特色	主要都市
京浜	8.1	機械工業を中心に重化学工業が発達。情報や文化の中心であるため印刷，出版が集積。	東京，横浜，川崎，横須賀，八王子
中京	17.9	日本最大の出荷額の工業地帯。豊田の自動車工業が製造業の中心。また一宮の繊維，瀬戸の陶磁器も有名。	名古屋，四日市，豊田，一宮，尾西瀬戸，多治見

	出荷額の割合	特色	主要都市
阪神	10.3	大阪が日本の経済の中心だったため戦前までは最大の工業生産額。臨海部の金属，内陸部の電気機械など。中小工場が多い。	大阪，神戸，堺，尼崎，門真，東大阪，高石，姫路

 その他の工業地域　（2017年）

	出荷額の割合	特色	主要都市
関東内陸	10.0	京浜工業地帯から広い工業用地を求めて移転，機械工業が発達。	太田・狭山（自動車）秩父（セメント），伊勢崎・桐生（織物）
京葉	3.8	東京湾沿いの埋め立て地に製鉄所，石油化学工場。	千葉・君津（製鉄），市原（石油化学）
北陸	4.4	冬の家内生産による伝統工芸を中心とした地場産業が発達。	富山（製薬）輪島（漆器）鯖江（眼鏡）
東海	5.3	電力と工業用水を背景として発達。	富士（製紙），浜松（自動車）
瀬戸内	9.6	海運が便利で瀬戸内海沿岸の埋立地に工場を造成。	倉敷，福山，呉，広島，周南，宇部

セメント工業
石灰石の産地で発達。山口県・宇部市など。

石油化学コンビナート
原油の精製からゴム，化学繊維，化学薬品などの生産までを行う大規模な工業設備。日本では原油の輸入に便利な臨海部に立地する。

地場産業
その地域で長年生産活動を行っている中小の企業による生産活動。伝統工芸品などの生産に携わっていることが多い。

製紙・パルプ工業
紙・パルプの材料となる木材と，生産に必要な工業用水が豊富な地域が適している。

6 日本の貿易

　主要な貿易品目の輸入相手国は頻出問題である。特に食料とエネルギー・鉱産資源の輸入先は統計に眼を通しておこう。2018年，2019年は輸出より輸入が多く貿易赤字だった。

【主要な輸入品の輸入先①】（2019年：％）

輸入品	輸入先
小麦	1．アメリカ（46）　2．カナダ（35） 3．オーストラリア（28）
トウモロコシ	1．アメリカ（69）　2．ブラジル（28） 3．アルゼンチン（1）
大豆	1．アメリカ（71）　2．ブラジル（14） 3．カナダ（14）
野菜	1．中国（46）　2．アメリカ（16） 3．韓国（6）
果実	1．アメリカ（20）　2．フィリピン（19） 3．中国（15）
肉類	1．アメリカ（26）　2．オーストラリア（14）　3．タイ（14）
魚介類	1．中国（18）　2．タイ（10） 3．アメリカ（8）
木材	1．カナダ（24）　2．アメリカ（17） 3．ロシア（14）

貿易摩擦

日本は自動車などの工業製品の輸出をめぐって，貿易赤字を抱えている欧米諸国との間で協議が続けられてきた。

輸入自由化

貿易摩擦の解消のため，日本は1991年より牛肉とオレンジの輸入自由化を進めた。この結果肉類と果実の自給率は低下した。

木材の輸入

日本はかつて東南アジア諸国が主な木材の輸入先だったが，丸太の輸出禁止などで，針葉樹の多いカナダやアメリカなどに変わった。

【主要な輸入品の輸入先②】 (2019年：%)

輸入品	輸入先
石炭	1. オーストラリア（59）　2. インドネシア（12）　3. ロシア（10）
原油	1. サウジアラビア（36）　2. アラブ首長国（30）　3. カタール（9）
液化天然ガス	1. オーストラリア（40）　2. カタール（12）　3. マレーシア（11）
鉄鉱石	1. オーストラリア（52）　2. ブラジル（28）　3. カナダ（8）
医薬品	1. ドイツ（17）　2. アメリカ（16）　3. アイルランド（11）
コンピュータ	1. 中国（74）　2. アメリカ（5）　3. タイ（4）
集積回路	1. 台湾（53）　2. アメリカ（13）　3. 中国（10）
自動車	1. ドイツ（44）　2. イギリス（11）　3. アメリカ（9）
衣類	1. 中国（56）　2. ベトナム（15）　3. バングラデシュ（4）
精密機械	1. アメリカ（21）　2. 中国（19）　3. スイス（14）

タンカー

原油は大型の専用貨物船であるタンカーで日本に輸送される。

液化天然ガス

天然ガスは超冷凍で液化させ専用の貨物船で日本へ輸送される。

成田空港

日本最大の貿易額を記録する貿易港。医薬品，コンピュータ，集積回路など軽量で高価な製品が輸出入される。

衣類の輸入

人件費が安く豊富な労働力の中国からの輸入が多いが，ベトナムやバングラデシュなど他のアジア諸国からの輸入の割合が高まっている。

TRY! **過去問にチャレンジ**

No.1

わが国の地形に関する記述として最も妥当なのはどれか。

【国家一般職／税務／社会人・改】

1 河川が山地を深く刻み込むと，カールやU字谷などを形成する。海岸近くのカールは，海面の上昇によって水没するとリアス海岸となる。

2 河川より山地から押し出された土砂は，平地へ流れ出すところで洪積台地を形成する。洪積台地上では，河川は水無川になることが多い。

3 河川の中流域では，水はけが悪い扇状地が形成される。扇状地上には，氾濫原，後背湿地，砂曙など河川が作るさまざまな地形が見られる。

4 河口付近では，河川の流れが弱まり，そこに細かい砂や泥が堆積して，三角州（デルタ）が見られる場所がある。

5 近くに土砂が流れる河口がある海岸では，砂が堆積して自然堤防が出来て，この堤防によって仕切られた潟湖（ラグーン）が形成される。

No.2

次のＡ，Ｂ，Ｃは，魚介類に関する記述であり，また，図は，それらの魚介類のわが国の主な輸入相手国・地域の割合を示したものである。Ａ，Ｂ，Ｃに当てはまる魚介類の組合せとして最も妥当なのはどれか。

【国家一般職／税務／社会人・改】

Ａ：当該魚介類の繁殖池を造成するために，マングローブが伐採されており，マングローブが減少する原因の一つとなっている。

Ｂ：広く回遊する当該魚介類は，複数の国際機関が資源管理を行っている。また，2000年以降，わが国で完全養殖技術が開発された種がある。

Ｃ：河川などの淡水で生まれ，海へ下り，広く回遊しながら成長した後，成熟して産卵期になると生まれた川へ戻ってくる種がある。

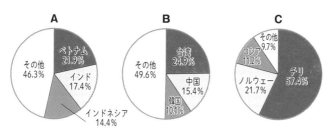

出典:「農林水産物輸出入概況 2017（平成 29 年）」
（農林水産省）より引用・加工

	A	B	C
1	たら	ひらめ・かれい	さけ・ます
2	たら	ひらめ・かれい	たこ
3	たら	まぐろ類	さけ・ます
4	えび	ひらめ・かれい	たこ
5	えび	まぐろ類	さけ・ます

正答と解説

No.1 の解説

1✕ 河川が山地を深く刻み込むとV字谷を形成する。

2✕ 平地へ流れ出すところで扇状地を形成する。

3✕ 河川の中流域では氾濫原が形成される。

4○ 妥当である。ミシシッピデルタやガンジスデルタが有名。

5✕ ラグーンは自然堤防ではなく砂州によって仕切られた地形である。

No.2 の解説

A：主にえびの養殖池のため。たらの輸入先はアメリカが 84.7％である。

B：まぐろ類である。ひらめ・かれいの輸入先はアメリカやロシアとなる。

C：淡水で生まれて海で成長するのはさけ・ます。よって正答は 5 である。

人口・民族・環境問題

★★★

テーマ **05**

・人口の分布と構成の特徴を抑えよう。
・世界各地の民族紛争の原因を理解しよう。
・地球環境問題とその取り組みを学習しよう。

---

1 人口問題

人口の分布

a．エクメーネ（居住地域）

　陸地の87%…穀物の耕作限界に近い。

b．アネクメーネ（非居住地域）

　陸地の13%…極地・砂漠・高山など。

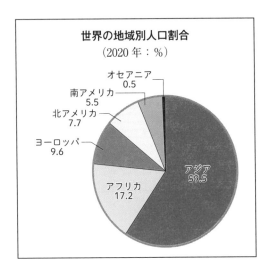

世界の地域別人口割合

（2020年：%）

- オセアニア 0.5
- 南アメリカ 5.5
- 北アメリカ 7.7
- ヨーロッパ 9.6
- アフリカ 17.2
- アジア 59.5

南極大陸は6大陸の一つですが，寒冷な氷雪気候が大半を占めるため大陸全体がアネクメーネとなっています。条約でどの国の領土にもなっていません。

地　理

人口の多い国　人口統計：2020年

18世紀後半以降，農業の生産性の向上や，エネルギーの安定供給に伴って，人口が増加した。20世紀後半には，アジアやアフリカを中心に人口が急激に増加する人口爆発状態となった。

人口爆発
ある地域で人口が急増すること。経済的に貧し発展途上国などで顕著であり，発展途上国の多いアフリカの世界人口に占める割合は高まっている。

		人口（万人）	人口密度（人/km²）	産業別人口割合（%）2018年		
				第一次	第二次	第三次
1	中国	143932	150	26.1	28.2	45.7
2	インド	138000	420	43.3	24.9	31.7
3	アメリカ合衆国	33100	34	1.4	19.9	76.8
4	インドネシア	27352	143	29.6	22.3	48.1
5	パキスタン	22089	277	37.4	25	37.6
6	ブラジル	21256	25	9.3	20.1	70.6
7	ナイジェリア	20614	223	35.6	12.2	32.2
8	バングラデシュ	18469	1116	29.3	20.8	39.7
9	ロシア	14593	9	5.9	26.8	67.3
10	メキシコ	12893	66	12.8	26.1	61.1
11	日本	12427	329	3.5	24.4	72.1
12	エチオピア	11496	104	66.7	10	23.3
13	フィリピン	10958	365	24.3	19.1	36.6
14	エジプト	10233	102	24.3	27.2	48.5
15	ベトナム	9734	294	38.6	26.8	34.6
16	コンゴ民主	8956	36	65.8	9.7	24.5

人口ピラミッド

人口ピラミッドは，縦軸が年齢，横軸が各年齢層の男女比割合となる。下から「年少人口（15歳未満）」「生産年齢人口（15～64歳）」「老年人口（65歳以上）」を表す。

(1) ピラミッド型（富士山型）

出生率，死亡率が両方高い。アジアやアフリカに多い型。多低年齢層の割合が大きく，高年齢層が非常に少ない。傾斜がなだらかな形は多産多死で，低開発の国に多い。急勾配は多産少死で発展途上国の人口爆発状態を表す。

(2) つり鐘型（ベル型）

出生率，死亡率が両方低い。低年齢層と高年齢層の差が少ない。西ヨーロッパなどに多い型。人口増加は停滞しているが，生産年齢人口が多いので経済は発展しやすい。

(3) つぼ型（紡錘型）

低年齢層よりも高年齢層の割合が大きい。つり鐘型よりさらに出生率が下がった状態で高齢化が進む。若年労働者の不足で国力も停滞する。日本はつり鐘型からつぼ型に移行した。

(4) 星型（都市型）

低年齢層や高年齢層に比べ，生産年齢人口が多

ピラミッド型

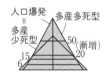

つり鐘型

つぼ型

星型

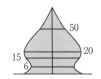

い。若年層の転入が多い大都市や新開地に見られる。

（5）ひょうたん型（農村型）

生産年齢人口が少なく，低年齢層や高年齢層が多い。生産年齢人口の転出が激しい農村部などに見られる。

 人口増加

（1）自然増加

出生数から死亡数を引く。産業の発達により**多産多死**→**多産少死**→**少産少死**へと人口転換。

（2）社会増加

流入人口から流出人口を引く。移民や出稼ぎなど社会的移動によって変化する。

2 主な民族紛争

（1）ユーゴスラビア紛争

ユーゴスラビア連邦の解体過程で民族や宗教対立から内戦が起こった。解体後も，セルビアとの紛争が続いた。

（2）北アイルランド問題

アイルランド島北部の北アイルランドはイギリス領でプロテスタントが多いが，ほかのアイルラ

ひょうたん型

合計特殊出生率
1人の女性が生涯に産む子供の数の平均値。2.1前後で人口が維持され，それを下回ると人口が減少していく傾向となる。21世紀の日本では1.5を下回るなど，経済的に発展した先進国は低い傾向に，発展途上国は3以上など高い傾向にある。

ユーゴスラビア紛争
おもにクロアチア紛争（1991〜95年），ボスニア＝ヘルツェゴヴィナ紛争（1992〜95年）をさす。

ンドの地域はカトリックが多く宗教対立が見られる。1998年和平合意が成立した。

（3）パレスチナ問題

1948年，国連の分割決議に基づきユダヤ人国家イスラエルが建国され，周辺のアラブ諸国と4度の中東戦争が起こった。土地を追われたアラブ人はパレスチナ難民と呼ばれ，イスラエルと対立を続けている。

（4）スリランカ紛争

多数派で仏教徒のシンハラ人と，少数派でヒンドゥー教徒のタミル人の対立が続き内戦となったが，2009年に内戦が終結した。

（5）カシミール紛争

イギリスからの独立の際，カシミール地方はインドとパキスタンのどちらに帰属するかで紛争となり，両国は戦争や核実験など対立を続けた。現在は停戦ラインが引かれ分割された。

（6）クルド問題

イラン，イラク，トルコ，シリアの国境地帯に分布するクルド人は複雑な経緯で独自の国家を持てず，それぞれの国で弾圧を受け世界各地にクルド難民が分布している。

東西冷戦
第二次世界大戦後のアメリカ合衆国とソ連による対立。1990年代，冷戦終結とともにそれまで抑えられてきた対立が表面化，世界各地で民族紛争が多発した。

ユダヤ人
ユダヤ人の国家を建設しようとするシオニズム運動が起こり，第一次世界大戦後，ユダヤ人がパレスチナへの入植を始めた。

エルサレム
イスラエルの首都とされている宗教都市。キリスト教，イスラーム，ユダヤ教3つの宗教の聖地。

難民とは政治的な対立や戦争，自然災害などにより居住地を捨てて他国などへ避難している人々。西アジア，アフリカなどからヨーロッパへの難民が増加し，社会問題となっている。

（7）スーダン内戦

イギリスからの独立後から南北の対立が続き，長期間内戦が続いた。住民投票により南部の約4分の1が2011年独立，南スーダンとなった。2003年から西部のダルフール地方で内戦が続く。

（8）ベルギーの言語問題

北部のオランダ系フラマン人と，南部のフランス系ワロン人の対立から，フラマン語，ワロン語，ドイツ語の3つを公用語として認めている。

（9）ケベック問題

カナダ東部のケベック州はフランス系住民が多く，カナダからの独立運動が起きている。

（10）チェチェン紛争

1990年代のソ連解体後からイスラームが多数派のチェチェンはロシアからの独立を求め，紛争が続いた。2009年，ロシアにより紛争の終結が宣言されたが，独立を求める動きは続く。

（11）キプロス問題

ギリシャ系住民とトルコ系住民の対立により国家が分断された。ギリシャ系住民による「キプロス共和国」が国際連合，EUに加盟している。

ベルギー
首都ブリュッセルは南北の言語分布の境界付近に位置する。北部の方が経済的に優位。

EU（ヨーロッパ連合）
1993年，EC（ヨーロッパ共同体）が発展的解消され設立された。ヨーロッパの統合をめざし，単一通貨ユーロを導入した。しかし2020年にイギリスが離脱，加盟国は27に減少した。

(12) シリア内戦

「アラブの春」の影響で 2011 年以降，反政府運動が活発化し，政府軍と衝突した。イスラーム国（IS）も介入し，内戦は複雑化している。

(13) ソマリア内戦

1991 年以降，南北の対立や政権抗争から内戦に発展した。PKO も介入に失敗し，事実上の無政府状態が続いたが，2012 年政府が発足した。

(14) コンゴ民主共和国内戦

反政府運動に民族対立や資源獲得競争もからまり，周辺諸国を巻き込んだ内戦に発展した。

(15) ルワンダ紛争

フツ人とツチ人による対立から，1994 年，フツ人がツチ人の大量虐殺を行った。ツチ人のルワンダ愛国戦線により内戦は終結したが，周辺国へ多数の難民が流出している。

(16) 東ティモール独立運動

インドネシアからの独立運動が進み，1999 年にはインドネシア軍が介入して紛争が激化した。国連の暫定統治を経て，2002 年に独立した。

「アラブの春」
2011 年初頭から中東や北アフリカ地域のさまざまな国で本格化した一連の民主化運動。

ソマリア
北部はイギリス，南部はイタリアに支配されてきたが 1960 年単一国家として独立した。2006 年にエチオピアの支援を受けた暫定政権が首都を制圧し，2012 年にソマリア連邦共和国政府が発足したが，北部はソマリランド共和国が実行支配している。

フツ人とツチ人
古くから同じ地域に住み，同じ言語を話す人々だったが，植民地時代にベルギーが多数派のフツ人と少数派のツチ人に分けて分断統治をした。

多文化主義
一つの国家で異なる文化を持つ複数の民族集団などの共生を図る。世界で最初に制度化したのはカナダ。オーストラリアは白豪主義から多文化主義に転換した。

3 環境問題

地球環境問題

　大気汚染による酸性雨，温室効果ガスの排出量増加による地球温暖化，フロンガスの使用によるオゾン層の開発，森林破壊，砂漠化など。

世界全体の取り組み

　1992年，ブラジルのリオデジャネイロでの国連開発環境会議で「持続可能な開発」が提言された。これに基づき，SDGs（持続可能な開発目標）を守る努力が続けられている。

日本の環境対策
高度経済成長期以降公害が深刻化し，1971年に環境庁が設置，2001年に環境省へと改組された。また環境事前影響評価（アセスメント）が法制化された。

地球温暖化対策
1997年，先進国の温室効果ガス（二酸化炭素など）の排出削減目標を定めた京都議定書が結ばれた。2015年，新たな削減目標であるパリ協定が結ばれた。

No.1 民族・人種・領土を巡る問題に関する記述として最も妥当なのはどれか。　【国家一般職／税務／社会人・改】

1 　南アフリカでは，アパルトヘイトと呼ばれる人種隔離政策が行われていたが，国際世論の批判を受けて，関係の諸法がすべて廃止された。

2 　南シナ海の南沙諸島は，スリランカ，ミャンマー，ラオスが領有を主張しているが，その背景にはイスラム教徒内での宗派の対立がある。

3 　カシミール地方では，インドとバングラデシュの分離独立の際，住民の多くを占めるキリスト教徒はバングラデシュを，少数派のイスラム教徒はインドを選んだため，両国の間に紛争が起こった。

4 　クルド問題は，各国に散在するクルド人が自らの独立国家を再建しようとしたために生じた。その独立運動は，トルコからは厳しく弾圧されたが，イラクからは支援された。

5 　パレスチナでは，長い間，アラブ人とユダヤ人が共存してきた。しかしイスラエル建国後，パレスチナに多くのアラブ人が移住しユダヤ人の土地を強制収用したため，両者の間に，紛争が起こった。

No.2 環境問題への取組みに関する記述として，妥当なのはどれか。
　【東京都】

1 　アグロフォレストリーとは，農地として利用されなくなった土地に植林を行う，土地を荒廃させないための方法である。

2 　ナショナル・トラストとは，自然環境の保護のため，イギリス政府が主体となって 1950 年代に始めた取組みで，土地を買い取り保存するなどの

方法がある。

3　パークアンドライドとは，市街地の交通量を抑制して排気ガスを減少させるため，市街地の中心に駐車場を設置し駐車場からは自転車で近距離を移動する仕組みである。

4　1979年にアジア諸国が中心となり，長距離越境大気汚染条約を締結して汚染物質の排出削減を始め，後にこの条約に加盟する動きはヨーロッパ諸国へ広まっていった。

5　1992年にリオデジャネイロで開かれた環境と開発に関する国連会議（地球サミット）では，地球環境の維持のため，持続可能な開発を基本とする取組みが合意された。

正答と解説

No.1 の解説

1〇　妥当である。1994年，全人種参加の選挙でマンデラを大統領に選出。
2✕　海底油田を巡り，マレーシア，中国，台湾などが領有を主張。
3✕　カシミールはムスリムが多数であったが，ヒンドゥー教徒の多いインドに帰属した。
4✕　クルディスタンの居住地域が分断されたために問題が生じた。
5✕　パレスチナのアラブ人とユダヤ人の対立は現在も続いている。

No.2 の解説

1✕　樹木を育てながら，同じ場所で作物や家畜を育てる農業のこと。
2✕　市民の寄付などで，自然や文化財を保護しようとする活動。
3✕　車は郊外に停め，電車に乗り換えて都心部に向かうこと。
4✕　同条約はヨーロッパで採択された。
5〇　妥当である。環境と開発に関するリオ宣言，アジェンダ21などが採択された。

前置詞

名詞の前に置く語のことを前置詞という。正しい前置詞を選ぶ問題は頻出であり，ここで紹介した以外にも多くの前置詞があるので，それぞれ使い方や意味を理解しておこう。

at

時刻：School begins at 10:00.　学校は 10 時から始まる。

場所：He arrived at the school.　彼は学校に到着した。

対象：She was laughed at by everybody.　彼女はみんなに笑われた。

〔受け身の文では by の前の at は省略されないことに注意。〕

in

場所：I'm in the house now.　今，家にいます。

状態：The Cherry trees were in full blossom.　桜は満開だった。

方法：I had a talk my client in English.　私はクライアントと英語で話をした。

時の経過：Dinner will be ready in ten minutes.　夕食は 10 分後には準備できます。

on

場所：There's a book on the desk.　机の上に本がある。

There's a house on the river.　川に面したところに家がある。

依存：He still depends on his parents for money.　彼は金銭面でまだ両親に依存している。

曜日や特定の日付：She plays tennis on Sunday.　彼女は日曜日にテニスをする。

Chapter

04

倫　理

テーマ 01 ★★

西洋思想・東洋思想

・主な思想家の考え方と合わせて，著作も押さえよう。
・東洋思想では，諸子百家と鎌倉新仏教が頻出なので，思想家の名前とキーワードを関連づけて学習しよう。

1 西洋思想

古代ギリシア

古代ギリシアでは，自然現象を合理的な根拠を持って説明しようとする**イオニア自然哲学**が発達した。イオニア自然哲学は，万物の根源は何かという問題から起こり，自然哲学の祖といわれるタレスは，万物の根源を水とした。また，ヘラクレイトスは「**万物は流転する**」と考え，その象徴を火とした。デモクリトスは原子（アトム）が集合・離散することで万物は成立するとした。

紀元前5世紀になると，アテネで弁論術の教師であるソフィストが活躍した。

ソフィスト

ソクラテス…「汝自身を知れ」，無知の知，問答法

プラトン…イデア論，エロース，『国家』

アリストテレス…万学の祖，リュケイオン，『形而上学』

プロタゴラス…「人間は万物の尺度」，相対主義

イオニア
ギリシア人の植民都市があった。古代ギリシアの自然哲学の中心都市。

問答法
ソクラテスの真理の探究方法。相手と問答を繰り返すことで，相手を真の知恵に到達させる。

イデア
永遠に変わらない真の存在。

リュケイオン
アリストテレスがアテネ郊外に開いた学園。博物館や図書館もある高度な研究機関だった。

「人間は万物の尺度」
個人に判断基準がある以上，全員に共通するような普遍的な判断基準はないとする考え。

近代の哲学

（1）イギリス経験論

　イギリスの哲学者フランス＝ベーコンは，経験して得た知識は自然を支配する力になる（「知は力なり」）と考えた。認識や知識は実験や観察を経験することで得られるとし，帰納法による経験論を説いた。

帰納法
個人の経験を事実として，それらに共通する法則を求める方法。

（2）大陸合理論

　フランスの哲学者デカルトは，論理的な思考で，理性で確認できることのみを真理として論理的に世界を把握しようとした。デカルトは真理を得るためにすべてを疑う方法的懐疑を真理探究の方法とした（「われ思う，ゆえにわれあり」）。著書は『方法叙説』。

「われ思う，ゆえにわれあり」
すべてのものを疑って，最後に残るのは疑っている自分自身という「われ」の存在である。「われ」は疑いようのない哲学の出発点となりえる。

（3）社会契約説

　社会や国家は，個人の相互契約により形成されたという考え方を社会契約説という。

　イギリスの哲学者ホッブズは，著書『リヴァイアサン』の中で，自然状態ではおのおのが自然権を主張するため，万人の万人に対する闘争状態になる。そこで人は相互に契約して政府を作り，為政者に自然権を預けて政府を形成するとした。

　イギリスの政治思想家ロックは，『統治二論』で，自然状態ではおのおのが平和で自由を享受しており，自然権の一部を契約により為政者に預けて政

自然権
すべての人に生まれながらに備わっている普遍的な権利（生命・自由・平等・財産の所有など）。

府を形成したと述べ，人は政府に抵抗する権利があるとした。

　また一方で，フランスの啓蒙思想家ルソーは，著書『人間不平等起源論』と『社会契約論』の中で，自然状態では個人は平等であるが，私有財産を持つことから不平等が始まった。個人が自然権を共同体に譲渡し，共同体の一般意思に従う。この契約によって共同体が成立すると述べた。この人民主権の考えは，フランス革命に影響を与えた。

（4）ドイツ観念論

　18世紀後半から19世紀にかけて，ドイツの哲学者カントに始まり，ヘーゲルが大成した哲学。カントは，理性で考える合理論だけでは独断になり，感性で判断する経験論のみでは懐疑に陥るととらえた。カントは，両者を総合し，認識を成立させる条件をさぐろうとした。この試みを批判といい，カントの哲学は批判哲学と呼ばれる。

　同じくドイツの哲学者ヘーゲルは，弁証法哲学を提唱し，すべてのものは矛盾と対立を経て発展していく（正・反・合）と述べた。

（5）イギリス功利主義

　イギリスの哲学者ベンサムは，功利主義を主張し，「最大多数の最大幸福」を標語とした。同じくイギリスの哲学者で経済学者のミルは，自由貿易の推進と，質の高い幸福を追求すべしと説いた。

一般意思
公共の利益をめざす意志であり，これには自分自身も含まれる。国家の主権は人々の一般意思の行使であり，それを分割・譲渡することはできないとした。

フランス革命
1789～99。フランスの市民革命で，国王ルイ16世を処刑して絶対王政を打倒した。自由・平等の理念を掲げて，近代市民社会の成立をめざした。

カント
著作は『純粋理性批判』『実践理性批判』『判断力批判』ほか。

ヘーゲル
著作は『精神現象学』『論理学』『法の哲学』ほか。

弁証法
すべてのものは，たとえばAが肯定される（正：テーゼ）と，Aを否定するBがあらわれ（反：アンチテーゼ），AとBが矛盾し対立するようになる。ここからAとBを両方とも批判しつつ総合し（止揚：アウフヘーベン），より高い次元へと高める（合：ジンテーゼ）という道筋を経て，論理的に発展するということ。

（6）モラリスト

　フランスの学者パスカルは，著書『パンセ』の中で，人間を「考える葦」と呼び，葦のように弱い存在だが，広い宇宙をとらえる考える力を持っていると述べた。

現代の哲学

（1）唯物史観論

　資本主義が広がるにつれて，ヨーロッパでは貧困などの社会問題が深刻になり，社会そのものを変革しようという考えが芽生えた。ドイツの学者マルクスは，マルクス主義と呼ばれる思想と理論を生み出した。マルクスは資本主義社会を分析し，資本主義から社会主義への移行は必然であると唱えた。マルクスの歴史観は唯物史観（史的唯物論）と呼ばれる。

（2）実存主義

　デンマークのキルケゴールは，人々が自ら考えることを放棄して生きている状態を絶望と名づけ，それが「死に至る病」であるとした。

　ドイツの哲学者ニーチェは，学問が発展するにつれ，神という最高の価値が価値を失い（神の死），これまでヨーロッパを支配してきたキリスト教の伝統的な価値観が崩壊し，人々が人生の目的を見失った状態（ニヒリズム）が到来したと説いた。

唯物史観
マルクスと友人のエンゲルスが確立した。人間社会の基礎は経済（生産活動）であり，その上に政治や学問などの精神的活動が成立するという社会観・歴史観。

ニーチェ
著書は『ツァラトゥストラはこう語った』ほか。

さらにニーチェは，伝統的な価値観が崩壊した中でも，強い生命力を発揮し，力強く成長しようとする人（超人）を理想とした。

フランスの哲学者サルトルは，「実存は本質に先立つ」と人間のあり方を定義した。人間はまず存在し，その後からその人の自由な行為によって自分が何であるか（本質）が決まっていくと考えた。

ドイツの実存哲学者ヤスパースは，死・苦悩・争い・責めの４つは科学では解明できず，技術的に制御することもできない絶望的な人生の壁（限界状況）であるとした。そして，これらにぶつかって絶望することで，人は自ら決断する実存の存在となっていくと考えた。

サルトル
著書は『存在と無』『弁証法的理性批判』。小説『嘔吐』，戯曲『汚れた手』なども残す。

ヤスパース
著書は『世界観の心理学』『哲学』『理性と実存』ほか。

2 東洋の思想家

中国

春秋・戦国時代の末期になると，周王朝の権威は弱まり，諸国は新しい秩序を求め，自国の富国強兵に力を入れるようになった。優秀な人材が求められ，諸子百家と呼ばれる多様な思想家が誕生した。

（1）儒教

孔子の教えを基本とする。儒教が漢の時代に官学となって以降，中国の正統な学問とされた。

春秋・戦国時代
紀元前770～紀元前221。東周から秦が統一するまでの小国が分立していた時代。

前漢の武帝の時代（紀元前156～紀元前87年）に儒学者の董仲舒の進言により儒教は官学とされた。儒教の経典として五経（『易経（えききょう）』『書経（しょきょう）』『詩経（しきょう）』『礼記（らいき）』『春秋』）を定めた。

儒家（諸子百家）

人物	内容
孔子	仁（人が自然に持つ他者への親愛の情）。徳治主義（為政者自らが高い道徳性を身につけ，人々を道徳的に感化する）。『論語』
孟子	性善説（人は生まれつき善であり，その善を開花させるために徳を育む必要がある）。四端説（四徳の芽生えとなる惻隠の心・羞悪の心・辞譲の心・是非の心）。易姓革命思想
荀子	性悪説（人は生まれつき悪であり，礼による教育や慣習で正しく導く必要がある）。礼治主義（社会生活を規制する礼による統治）

　12世紀，南宋の儒学者である朱熹（朱子）は，儒教を哲学に高め，朱子学（宋学）を大成させた。朱熹は，世界は万物の規範的な原理（理）と物質の素材（気）で構成されていると説き（理気二元論），理は，人間の本性でもあるとした（性即理）。君臣の序列を重んじた朱子学は，その後の中国の主要な思想となり，日本や朝鮮など周辺国にも影響を与えた。

　明の学者の王陽明は，朱子学が時代を経て形式化していることを批判し，知識と行動を一致させること（知行合一）を説いた（陽明学）。

（2）墨家の思想

　墨家の墨子は，儒教の「仁」に対して，無差別の愛（兼愛）を説いた。また，戦争で侵略することを否定した（非攻）。

四徳
仁・義・礼・智の4つの徳。仁は他者への思いやり，義は正義の心，礼は他者を尊重する振る舞い（社会規範），智は道徳的判断力。

易姓革命
横暴な君主は天命を失ったものとして追放されるという考え。

格物致知（かくぶつちち）
朱子学の学問方法。古代の儒教の経典を読み，突き詰めていけば万物を支配する知恵に行きつくことができる。

心即理（しんそくり）
朱子学の「性即理」に対する王陽明の説。自分の心が，現実の場面に応じて理を生み出すという考え。

致良知（ちりょうち）
王陽明の説。人間は生まれながらに善悪を区別する心を持っているので，その場に応じて主体的に心を働かせ，善を実現すべきと説いた。

非攻
墨子は非攻をつらぬき，城を守るための技術や装備を研究した。

（3）法家の思想

　法家の韓非子は荀子の性悪説を継承し，人間の利己心を利用して，賞罰をきっちりと行い（信賞必罰），法を用いた統治を行うべきという法治主義を主張した。

（4）老荘思想

　儒家の人為的な道徳に対して，道家は宇宙の原理（道）に即して生きることを説いた。

道家（諸子百家）

人物	内容
老子	無為自然（あるがままの自然な生き方），柔弱謙下（柔和でへりくだった心を持つ）
荘子	万物斉同（万物は区別なくすべてがみな斉しい），真人（対立や偏見にとらわれず世界と一体となり，おおらかな境地に遊ぶ人）を理想の人とした

日本

（1）鎌倉新仏教

　平安時代末期，戦乱が続き，さまざまな社会不安に見舞われる中，人々は世の無常を感じるようになっていった。この世は仏法が衰えた時代（末法）と考える思想が広がり，浄土への往生を説く浄土信仰が広まっていた。

無常

すべての物事は永遠ではなく絶えず移り変わる。人間もまたはかなくむなしい存在であるという考え。

浄土信仰

死後の生まれ変わった世界に浄土（清浄な理想世界）を求める信仰。

鎌倉新仏教

人物	宗派	内容
法然	浄土宗	ひたすら「南無阿弥陀仏」と唱える専修念仏
親鸞	浄土真宗	絶対他力（すべて阿弥陀仏の力にゆだねる）。悪人正機説（悟りからほど遠く，罪深い人間だと自覚している者こそ阿弥陀仏の救いの対象である）
一遍	時宗	念仏を唱えて踊る「踊念仏」を考案
栄西	臨済宗	禅（精神統一すること）と戒律を重んじた。建仁寺（京都）を開く
道元	曹洞宗	只管打坐（ひたすら坐禅に打ち込む）によって，身心脱落（執着のない自在の境地に至る）できる。永平寺（福井）を開く
日蓮	日蓮宗	「南無妙法蓮華経」を唱える唱題が救いに至る道である

（2）江戸時代の朱子学と陽明学

　徳川家康は儒学（朱子学）に注目し，近世儒学の祖である藤原惺窩から講義を受けた。

　徳川将軍に仕えた弟子の林羅山は，上下定分の理（人間の社会にも上下の秩序がある）を唱え，やがて朱子学は江戸幕府の官学となった。

　一方，中江藤樹は朱子学を批判し，武士だけでなく万人に共通する道を孝に求めた。日本陽明学の祖として，知行合一の教えを広めた。

（3）古学

　江戸時代に発展した，日本独自の儒学思想であり，朱子学や陽明学などにたよらず，儒学の原典を直接読んでその真意を明らかにしようとした。

林羅山
著書に『春鑑抄』『三徳抄』ほか。

中江藤樹
学識の広さと人徳から「近江聖人」と呼ばれた。著書に『翁問答』。

経世済民
世を治め，民を救うこと。

古学

人物	宗派	内容
山鹿素行 （やまがそこう）	古学	儒教倫理をもとに新しい武士道（士道）を確立。『聖教要録』
伊藤仁斎 （いとうじんさい）	古義学 （こぎ）	『論語』『孟子』を熟読し，古義（もとの意味）を明らかにした。「仁は愛のみ」と考えた。『童子問』（どうじもん）
荻生徂徠 （おぎゅうそらい）	古文辞学派	中国の古典を当時の言葉の意味で理解しようとした。経世済民（けいせいさいみん）。『弁道』（べんどう）

（4）国学

日本古典を研究し，日本固有の精神を究明した。

賀茂真淵（かものまぶち）は『万葉集』の歌風を「ますらをぶり」ととらえ，そこに「高く直き心」という日本人の精神を見出した。

国学を大成した本居宣長（もとおりのりなが）は歌や物語の本質は「もののあはれ」であるとした。また，『古事記伝』で日本固有の「惟神の道」（かんながら）を説いた。

本居宣長の書に啓発された平田篤胤（ひらたあつたね）は復古神道を唱え，幕末の尊王攘夷運動に影響を与えた。

（5）民衆の思想

呉服商に奉公していた石田梅岩（いしだばいがん）は石門心学（せきもんしんがく）をひらき，庶民のために平易な言葉を使って儒学・仏教などを取り入れた日常での道徳の実践を説いた。

また，東北の医者だった安藤昌益（あんどうしょうえき）は，万人直耕で，差別のない自然世（しぜんせい）を理想の社会とした。

賀茂真淵
著書に『国意考』『万葉考』ほか。儒教道徳を不自然なものと批判した。

本居宣長
真淵と異なり，『古今集』などに見られる女性的で優しい歌風「たおやめぶり」こそ古代の精神とした

石田梅岩
著書に『都鄙問答』。

安藤昌益
すべての人が農耕に従事する万人直耕を唱え，自ら耕作しない武士などは百姓に寄生していると考え，封建社会を批判した。

独立自尊
政府などに依存せず，個人が自らの判断で生活を営もうとする精神。

（6）近代

　明治維新以来，西洋の思想を取り入れた知識人たちにより，新しい思想が展開されていった。

近代の思想家

人物	内容
福沢諭吉 （ふくざわ ゆ きち）	天賦人権（人間は本質的に平等である）。『学問のすすめ』で西洋の数理学を実学とし，独立自尊を唱えた。『西洋事情』『文明論之概略』
中村正直 （なかむらまさなお）	ミルの『自由論』を『自由之理』として翻訳・刊行
中江兆民 （なか え ちょうみん）	ルソーの『社会契約論』を『民約訳解』として翻訳・刊行
内村鑑三 （うちむらかんぞう）	無教会主義。「二つのＪ」（高潔な武士道の精神が息づく日本はイエスの教えを実現する使命がある）
吉野作造 （よし の さくぞう）	民本主義（主権の運用において人民の幸福が目的）。大正デモクラシーの理論的支柱。黎明会
西田幾多郎 （にし だ き た ろう）	坐禅を通して東洋の伝統思想と西洋近代哲学を融合した独自の西田哲学を展開。純粋経験こそ真の自己。『善の研究』
和辻哲郎	人間を個人性とともに社会性においてとらえる。『人間の学としての倫理学』
丸山眞男 （まるやままさ お）	戦後，日本人の無責任な体系を指摘。『日本政治思想史研究』『日本の思想』

明六社（めいろくしゃ）は 1873 年に創設された開明的知識人の結社。福沢諭吉，中村正直らが集まり，『明六雑誌』を発行した。

無教会主義
教会ではなく，聖書をの言葉を直接読むことを重んじた。

二つのＪ
内村鑑三は日本（Japan）とイエス（Jesus）に人生を捧げるとした。

No.1

近代以降の思想家に関する記述として最も妥当なのはどれか。

【国家一般職／税務／社会人・改】

1 デカルトは，普遍的な命題から理性的な推理によって特殊な真理を導く帰納法を用いて，物事を正しく認識することを重要とした。

2 ヘーゲルは，イギリス経験論と大陸合理論を総合した。また，自律の能力を持った理性のある存在を人格と呼んだ。

3 ベンサムは，人間の生き方を探求し，「モラリスト」と呼ばれた。快楽には精神的な快楽と感覚的な快楽があり，人間の幸福にとって大きな要素となるのは，精神的な快楽であると主張した。

4 サルトルは，人間は自由であることから逃れることは許されず，また，自己のあり方を選ぶ行動は，全人類に対しても責任を負うとして，社会参加（アンガージュマン）の大切さを説いた。

5 フロムは，ニヒリズムの立場から，より強くなろうとする力への意志に従い，たくましく生きようとする人間を「超人」と呼び，神への信仰を捨てるよう説いた。

No.2

現代のヒューマニズムに影響を与えた人物に関する記述A〜Dのうち，妥当なもののみを挙げているのはどれか。

【国家一般職／税務／社会人】

A：シュヴァイツァーは，現代の人類は精神的退廃に陥っていると考え，新しい倫理的世界観の確立を求め続けた結果，「生命への畏敬」という理念を見いだした。

B：ガンディーは，最大の不幸は，誰からも必要とされていない，愛されていないと感じることだと述べ，貧しさや病気で苦しむ人々に対して，生涯，献身的な奉仕活動に打ち込んだ。

C：キング牧師は，第二次世界大戦後の米国において，人種差別の撤廃を訴え，非暴力主義を持って，公民権運動を指導した。

D：ロールズは，功利主義の思想を継承，発展させ，「公正としての正義」を提唱した。彼は，個人の自由を最大限尊重する「最小国家」が理想であると考えた。

1 A，B **2** A，C **3** B，C
4 B，D **5** C，D

正答と解説

No.1 の解説

1✕ デカルトは大陸合理論を説き，演繹法を用いた。

2✕ 経験論と合理論を総合したのはカントである。

3✕ 「モラリスト」と呼ばれたのはモンテーニュやパスカルである。

4〇 フランスの哲学者サルトルの説明として妥当である。

5✕ フロムではなくニーチェである。

No.2 の解説

A：妥当である。シュヴァイツァーはあらゆる生命への尊重を説いた。

B：ガンディーではなく，マザー＝テレサに関する内容。

C：妥当である。キング牧師はアメリカの黒人解放運動の指導者である。

D：ロールズはアメリカの政治学者で功利主義を批判した。

よって，AとCが妥当なので正答は**2**である。

関係代名詞

二つの文を合体させるときに使う関係詞は，接続詞と代名詞の働きをする関係代名詞，接続詞と副詞の働きをする関係副詞に分けられる。関係代名詞には主格，目的格，所有格があるので，どれを使うか見極める必要がある。また，関係代名詞の後に続く動詞は先行詞の人称や数によって形が変わるので注意しよう。

関係代名詞以下の節が説明している名詞…先行詞

主語のはたらきをするもの…主格

目的語のはたらきをするもの…目的格

「〜の」などの所有を意味するもの…所有格

先行詞	主格	目的格	所有格
人	who	whom（who）	whose
人以外	which	which	whose

＊関係代名詞 that は人，人以外どちらでも使われるため，試験にはあまり出題されない。

〈例文（主格）〉

① Osamu Tezuka is <u>the cartoonist</u>.

② <u>He</u> created "Astro Boy".

①＋② Osamu Tezuka is the cartoonist ｜who｜ created "Astro Boy".

手塚治虫は『鉄腕アトム』を創作した漫画家です。

この場合，関係代名詞 who は②の文を先行詞 the cartoonist につなげる接続詞と，主格の代名詞 He の役割を持つ。

文学・芸術

文学・美術・音楽

・作品と作者名はセットで覚え、作品の内容や特徴も把握しておこう。
・美術は印象主義に関する問題が多い。

1 日本文学

古典文学

（1）三大和歌集

人物	撰者	内容
万葉集（8世紀）	大伴家持？	日本最古の歌集。力強く素朴。作者が幅広い。ますらをぶり
古今和歌集（905）	紀貫之ら	最初の勅撰和歌集（醍醐天皇）。優美で繊細。たをやめぶり
新古今和歌集（1205）	藤原定家ら	後鳥羽上皇の命令で作られた。技巧的で幽玄

（2）三大随筆

人物	作者	内容
枕草子（1001頃）	清少納言	自然や宮廷生活を女性的な和文体。「をかし」が基調
方丈記（1212）	鴨長明	動乱の中で悟った世の無常。対句や比喩を多用。和漢混淆文
徒然草（1331頃）	兼好法師	自然や人々を観察して得た知識や意見。明快な文章

和漢混淆文
漢字に仮名をまぜて表記した文体。

（3）物語文学

和歌から広がったかな文学は，9世紀末に物語というジャンルを生んだ。特定の和歌にまつわる物語を集めた歌物語や，虚構の物語である**物語文学**が登場した。中でも『源氏物語』（紫式部）はのちの日本文学・文化に大きな影響を与えた。

また，歴史的事実を題材とした歴史物語も登場した。歴史書初のかな文で描いた『栄華物語』（赤染衛門ほか），紀伝体で描いた『大鏡』（作者不明）はいずれも摂関家の栄華を描いたものである。

（4）日記文学

本来，日記は男性官人が漢文で書く記録だったが，『土佐日記』で紀貫之が女性に仮託したかな文で亡き娘への思いをつづり，日記文学が誕生した。

10世紀後半，藤原道綱母が結婚生活の苦悩を描いた『蜻蛉日記』以後，女性が担い手となった。

近代・現代文学

（1）写実主義

従来の勧善懲悪をやめ，人間の心理分析を重視することを坪内逍遥が『小説神髄』で論じた。

（2）浪漫主義

感情を重んじ，個の解放を訴えた。森鷗外（『舞姫』），与謝野晶子（『みだれ髪』）などがいる。

歌物語

現存する中で最古の歌物語は『伊勢（いせ）物語』で，在原業平（ありわらのなりひら）らしき主人公の恋愛が描かれている。

物語文学

『源氏物語』のほか，『落窪物語』（作者不明），『堤中納言物語』（作者不明）などがある。

編年体

起こった出来事を年代順に記す方法。『栄華物語』は宇多（うだ）天皇〜堀川（ほりかわ）天皇までの約200年間を描く。

紀伝体

皇帝の伝記である本紀，臣下の伝記である列伝を中心に構成された歴史叙述の形式の一つ。『大鏡』は『栄華物語』に比べ，藤原道長を中心とした摂関家が批判的に描かれている。

日記文学

少女時代から晩年までの回顧録である『更級（さらしな）日記』（菅原孝標女（すがわらのたかすえのむすめ）），敦道（あつみち）親王との恋愛を描いた『和泉（いずみ）式部日記』（和泉式部）などがある。

（3）自然主義

　作家自身の感情や体験をあるがままに描いた。島崎藤村は浪漫主義詩人として詩集『若菜集』で名声を博したが，のちに被差別部落出身が主人公の『破戒』により自然主義文学の出発を導いた。

（4）反自然主義

　自然主義に対抗する動きからさまざまな文学が誕生した。森鷗外や晩年に「則天去私」の境地を目指した夏目漱石は，広い視野を持ち近代における個人の問題などを追及した。また，美を最高の理想とする耽美派も登場した。

　一方，武者小路実篤や志賀直哉など白樺派は理想主義・人道主義の立場から個の尊厳を主張した。

　大正時代中期には，人間の実態や現実を理知的な態度で描写する新現実主義として芥川龍之介，菊池寛などが登場した。

（5）プロレタリア文学

　関東大震災以降，労働者の闘争や実態を描いたプロレタリア文学が注目された。小林多喜二は『蟹工船』で搾取する企業と反抗する労働者を描いた。

　対抗して，斬新な感覚で人間の姿を描く新感覚派が登場し，横光利一（『日輪』）と川端康成（『伊豆の踊り子』）は新感覚派の双璧となった。

　また，反プロレタリアの立場から，芸術の自立性を訴えた新興芸術派（井伏鱒二『山椒魚』）や，

写実主義
明治初期までの小説は江戸時代から続く戯作文学が中心で，坪内逍遙はこれを否定した。

森鷗外
坪内逍遙と「没理想論争」をし，写実主義を批判した。ドイツ三部作『舞姫』『うたかたの記』『文づかひ』。歴史小説も手がけた。

自然主義
女弟子への恋心を赤裸々に描いた田山花袋（たやまかたい）『蒲団』は，日本の私小説の出発点とされる。

夏目漱石
余裕を持って人生を見つめる態度から余裕派（高踏派）と呼ばれる。前期三部作『三四郎』『それから』『門』。後期三部作『彼岸過迄』『行人』『こころ』。

耽美派
谷崎潤一郎（たにざきじゅんいちろう）（『細雪』『痴人（ちじん）の愛』），永井荷風『濹東綺譚』などがいる。

武者小路実篤
理想郷をめざして「新しき村」を作った。『お目出たき人』『友情』ほか。

人間の心理を新しい手法で表現しようとする新心理主義（堀辰雄『風立ちぬ』）も登場した。

（6）戦後の文学

戦後，退廃的な視点から混乱した社会を見つめた無頼派（新戯作派）や，戦前の私小説的な手法で人間性を描いた第三の新人が登場した。

大江健三郎は『死者の奢り』で戦後世代の閉塞感を描き，村上春樹は『ノルウェイの森』で青年期の喪失と再生を描き，世界各国で翻訳された。

2　西洋文学

 イギリス文学

劇作家のシェイクスピアをはじめとする演劇が盛んで，19世紀以降ロマン主義と写実主義が登場した。

時代	作家
19世紀	ディケンズ『二都物語』（風刺と人間愛） エミリー＝ブロンテ『嵐が丘』（2家族の愛憎）
20世紀	ジョイス『ユリシーズ』（意識の流れを重要視） ロレンス『チャタレイ夫人の恋人』（性の充足）

 フランス文学

各国に先駆けて自然主義文学が生まれ，近隣諸国に影響を与えた。

志賀直哉

短編小説の名手で「小説の神様」と呼ばれる。『暗夜行路』は唯一の長編。

芥川龍之介

『今昔物語集』『宇治拾遺物語』から材をとったものが多い。『鼻』『地獄変』『羅生門』ほか。

菊池寛

「文芸春秋」を創刊したほか，直木賞・芥川賞を創設した。『恩讐の彼方に』ほか。

川端康成

日本人として初のノーベル文学賞を受賞。『雪国』『千羽鶴』ほか。

無頼派

太宰治（だざいおさむ）（『斜陽』『走れメロス』），坂口安吾（さかぐちあんご）（『堕落論』『白痴』）などがいる。

第三の新人

日常にある不安や，人間の小ささを冷静に描いた。遠藤周作（えんどうしゅうさく）（『海と毒薬』）などがいる。

時代	作家
19世紀	スタンダール『赤と黒』（王政復古期を描く） ユゴー『レ・ミゼラブル』（青年の波乱の人生） バルザック『谷間の百合』（「人間喜劇」の一つ） フロベール『ボヴァリー夫人』（写実主義を確立） ゾラ『居酒屋』（自然主義を提唱） モーパッサン『女の一生』（短編の名手）
20世紀	ロマン＝ロラン『ジャン＝クリストフ』（人道主義） ジッド『田園交響楽』（ピューリタンの葛藤） プルースト『失われた時を求めて』（重層的な構造） サン＝テグジュベリ『星の王子様』（飛行士の経験） サルトル『嘔吐』（実存主義） カミュ『異邦人』『ペスト』（不条理の思想）

ロシア文学

フランス文学の模倣として始まった。

時代	作家
19世紀	ツルゲーネフ『猟人日記』（農奴の悲惨な生活） ゴーゴリ『死せる魂』（農奴制の現実） ドストエフスキー『罪と罰』（魂の救済） トルストイ『戦争と平和』（非暴力・人道主義） チェーホフ『桜の園』（近代演劇の完成者）
20世紀	ゴーリキー『母』『どん底』（プロレタリア文学の父） ソルジェニーツィン『イワン＝デニーソヴィチ の一日』（強制収容所が舞台）

ドイツ文学

18世紀後半，疾風怒涛（シュトルム・ウント・ドランク）が始まり，ロマン主義へつながった。

シュトルム・ウント・ドランク

ドイツで起こった文学運動。合理主義・形式主義に反抗し，感情を強調した。

時代	作家
19世紀	ゲーテ『若きウェルテルの悩み』（男の恋と自殺）
20世紀	トーマス＝マン『魔の山』（療養所での経験） ヘッセ『車輪の下』（期待された少年の挫折） リルケ『マルテの手記』（詩人の孤独） カフカ『変身』（夢幻性と不安感の表出）

アメリカ文学

　第一次世界大戦後はヘミングウェイらが失われた世代として独自の地位を築いた。

時代	作家
20世紀	ヘミングウェイ『武器よさらば』（第一次大戦に参加） スタインベック『怒りの葡萄』（農民と資本家の戦い）

3 美術

世界

（1）ルネサンス

　均整と調和を求め, 遠近法が誕生した。16世紀, イタリアで発展し, オランダやドイツへ拡大した。

　レオナルド＝ダ＝ヴィンチは空気遠近法を導入し,「モナリザ」などを残した。

（2）バロック美術

　17世紀イタリアで誕生し, 動きや感情表現を追及した。ルーベンス「キリスト昇架」, ベラスケ

ルネサンス

イタリアでは, ボッティチェリ（「ヴィーナスの誕生」), ミケランジェロ（「天地創造」）などが活躍した。

ス（「ラス＝メニーナス＜侍女たち＞」）が活躍し，
レンブラント（「夜警」）は光の画家と呼ばれた。

（3）新古典主義・ロマン主義・写実主義

18世紀末から19世紀にかけて，古代ギリシア・ローマの芸術が再認識され，力強い量感と均衡が特徴の新古典主義（ダヴィッド「マラーの死」など）が登場した。これに対して，感動を自由に表現する動きが生まれ，なかでもロマン主義は感情を重視し，豊かな色彩と動きのある構図が特徴である（ドラクロア「民衆を率いる自由の女神」など）。

また，現実の自然や風俗をそのまま描く写実主義も登場した（ミレー「落穂拾い」など）。

（4）印象主義・後期印象主義

モネ（「印象・日の出」「睡蓮」）などの印象主義は光による色彩の変化を描いた。また，印象主義から出発した作家たちが新しい芸術を生みだし，幾何学的な画面構成を採用したセザンヌ（「サント＝ヴィトワール山」），浮世絵の影響を受けたゴッホ（「糸杉」），象徴主義のゴーギャン（「タヒチの女」）などが活躍した。

印象主義
色彩分割と呼ばれる技法を採用した。ルノワール（「陽光の中の裸婦」），ドガ（「エトワール＜舞台の踊り子＞」）などが活躍した。マネ（「笛を吹く少年」「草上の昼食」）は革新的な色彩表現などを実践し，印象派に大きな影響を与えたが，グループには属していない。

象徴主義
ゴーギャンは事物を再現するだけでなく，心理的な内容も描くことをめざした。

（5）現代の美術

作風	特徴
フォーヴィズム	大胆な色使いや形態描写。ヴラマンク，マティス，ルオー
キュビズム	主題を抽象的にとらえ，幾何学的に還元して描く。ピカソ，ブラック

作風	特徴
エコール＝ド＝パリ	戦間期にパリで活動した外国人画家集団。シャガール，モディリアーニ
シュルレアリスム	超現実主義。ダリ，エルンスト

 日本

作家	特徴
狩野探幽 （かのうたんゆう）	狩野派の地位を確立。「本坊方丈障壁画」（17 世紀）
俵屋宗達 （たわらやそうたつ）	琳派。「風神雷神図屏風」（17 世紀）
尾形光琳 （おがたこうりん）	元禄文化の代表。「燕子花図屏風」（17 世紀）
円山応挙 （まるやまおうきょ）	写生技法の導入。「藤花図屏風」（18 世紀）
菱川師宣 （ひしかわもろのぶ）	木版画。「見返り美人図」（18 世紀）
鈴木晴信 （すずきはるのぶ）	錦絵の創始者。「風流四季歌仙」（17 世紀）
喜多川歌麿 （きたがわうたまろ）	美人画。「婦女人相十品」（18 世紀）
東洲斎写楽 （とうしゅうさいしゃらく）	役者大首絵。「市川鰕蔵の竹村定之進」（18 世紀）
葛飾北斎 （かつしかほくさい）	浮世絵の代表。「富嶽三十六景」（19 世紀）
歌川広重 （うたがわひろしげ）	風景版画。「東海道五十三次」（19 世紀）

4 音楽

 古典派

18 世紀後半からウィーンを中心に展開し，交響曲，協奏曲，ピアノソナタなどが誕生した。

作家	特徴
ハイドン	オーストリア。交響曲の父。交響曲「軍隊」「告別」，オラトリオ「天地創造」「四季」

作家	特徴
モーツァルト	オーストリア。神童。歌劇「フィガロの結婚」「ドン＝ジョバンニ」，交響曲「ジュピター」
ベートーヴェン	ドイツ。楽聖。交響曲「英雄」「運命」，ピアノソナタ「月光」「悲愴」

ロマン派

19 〜 20 世紀，市民革命などの影響を受け，色彩感豊かな楽曲が多く登場した。

作家	特徴
シューベルト	オーストリア。歌曲の王。交響曲「未完成」，歌曲集「冬の旅」，ピアノ五重奏曲「ます」
ショパン	ポーランド。ピアノの詩人。ピアノソナタ「葬送」，「幻想即興曲」，ポロネーズ「英雄」
ベルリオーズ	フランス。「幻想交響曲」「ラコッツィ行進曲」
リスト	ハンガリー。ピアノの王。「ハンガリー狂詩曲」
ワーグナー	ドイツ。歌劇「タンホイザー」「ローエングリン」，楽劇「ニーベルンゲンの指輪」
チャイコフスキー	ロシア。交響曲「悲愴」，バレエ音楽「白鳥の湖」，ピアノ曲集「四季」

国民楽派

民族的な音楽手法や旋律を採用した。

作家	特徴
スメタナ	チェコ。連作交響詩「わが祖国」
ドヴォルザーク	チェコ。交響曲「新世界から」

TRY! 過去問にチャレンジ

No.1 18 〜 19世紀のヨーロッパの作曲家に関する説明と作曲家名の組合せとして，正しいのはどれか。　【地方初級】

ア イタリアのロマン派の　　　は，オペラを中心に創作し，代表作に「アイーダ」がある。

イ バイエルン国王の援助を受けた　　　は，楽劇と呼ばれる大規模な作品を生み出し，代表作に「ニーベルンゲンの指輪」がある。

ウ オーストリアのウィーンの貴族社会で後援者を得ていた　　　は，9つの交響曲により，古典派からロマン派への橋渡しを行った。

エ 古典派の様式を確立した　　　は，その神童ぶりが評判となり，さまざまな様式の作品を発表，代表作に「フィガロの結婚」などがある。

	ア	**イ**	**ウ**	**エ**
1	ヴェルディ	ベートーヴェン	モーツァルト	ワーグナー
2	ワーグナー	ヴェルディ	ベートーヴェン	モーツァルト
3	ヴェルディ	ワーグナー	モーツァルト	ベートーヴェン
4	ヴェルディ	ワーグナー	ベートーヴェン	モーツァルト
5	モーツァルト	ワーグナー	ヴェルディ	ベートーヴェン

正答と解説

No.1 の解説

ア： ヴェルディの説明。愛国的な作品で知られる。

イ： ワーグナーの説明。壮大なスケールの作品を生み出した。

ウ： ベートーヴェンの説明。日本では「楽聖」とも呼ばれる。

エ： モーツァルトの説明。よって正答は4である。

関係副詞

二つの文を一つの文に合体するときに使う関係詞のうち，関係副詞は接続詞と副詞の働きをする。関係代名詞との使い分けを問う問題が過去に出題されているので，マスターしておこう。

先行詞	関係副詞
場所	where
時	when
理由（the reason）	why
方法・様子（the way）	how（関係副詞を用いる場合,先行詞は省略される） This is how 〜 ／ This is the way 〜

〈例文（主格）〉

① I used to live in <u>Shanghai</u>.

② My cousin lives <u>here</u> now.

①＋② I used to live in Shanghai, <u>where</u> my cousin lives now.
私は，現在いとこが住んでいる上海に，かつて住んでいた。

この場合，関係副詞 where は名詞の説明をする②の文と先行詞 Shanghai につなげる接続詞と，場所を表す副詞 here の役割を持つ。

> **〈関係代名詞と関係副詞の見分け方のポイント〉**
> 関係代名詞は，先行詞以下の文の最後の動詞が他動詞であることを押さえておくとよい。
> 例として以下の□に当てはまる語句は下の①，②のどちらか考えよう。
>
> > France is a country □ I want to visit someday.
> > ① where ② which
>
> 正解は②。先行詞は "a country" だが，場所を表す "where" を選んではいけない。見分けるポイントは先行詞以下の "visit"。これは他動詞で「〜を訪れる」という意味があり，必ず目的語を必要とする。そのため，この文の場合，目的語の働きを持つ "which" が正解となる。

国　語

★★

テーマ

01

漢字の読み・書き

・誤字の有無に関する問題が多い。同音異義語や字形
が似た漢字を含む熟語を押さえよう。
・同字異音語では，複数の音を持つ漢字の正しい読み
を選ばせる問題が多い。

1 同音異義語・字形類似語

（1）同音異義（字）語

偉業 <small>いぎょう</small>	遺業	医業	異形	
意見 <small>いけん</small>	異見	違憲		
以降 <small>いこう</small>	意向	移行	移項	遺稿
意志 <small>いし</small>	意思	遺志	医師	縊死
以上 <small>いじょう</small>	異常	異状	委譲	
解放 <small>かいほう</small>	開放	介抱	快方	快報
家庭 <small>かてい</small>	過程	課程	仮定	
干渉 <small>かんしょう</small>	鑑賞	観賞	観照	感傷
構成 <small>こうせい</small>	厚生	公正	更正	恒星
拾得 <small>しゅうとく</small>	収得	修得	習得	
進展 <small>しんてん</small>	親展	伸展		
生産 <small>せいさん</small>	精算	清算	成算	凄惨
対象 <small>たいしょう</small>	対照	対称	大将	大賞
平行 <small>へいこう</small>	平衡	並行	閉口	閉講
褒章 <small>ほうしょう</small>	褒賞	報償	報奨	法相
保証 <small>ほしょう</small>	保障	補償		

委譲
権利などを他人や機関
に譲って任せること。

観照
主観をまじえずに物事
を観察して，意味を知
ること。

平衡
つりあいがとれている
こと。

（2）字形が類似する漢字を含む熟語（読みが同じ）

緯度	偉業	懐中	破壊	概要	憤慨
収穫	捕獲	勧誘	歓待	侯爵	天候
効果	郊外	昆虫	混雑	会議	犠牲
栽培	裁縫	検索	策略	紹介	招待
侵入	浸水	紡績	面積	地帯	渋滞
抵抗	低温	俳句	排除	拍手	停泊
花粉	紛争	噴水	憤慨	編集	偏見
逮捕	補足	妨害	防止	教諭	輸入

（3）字形が類似する漢字を含む熟語（読みが違う）

哀愁	折衷	遺跡	派遣	瀟洒	飲酒
埋蔵	理解	幻覚	幼稚	借家	惜別
遂行	放逐	適宜	宣伝	浣渫	刺激
夭折	分析	温暖	湿度	脊椎	背骨
貪欲	貧乏	微妙	徴候	網目	網羅
更迭	放送	衝突	平衡	推薦	堆積
規模	鼓膜	拍子	画伯	頒布	領土
嘆願	漢字	曖昧	味覚	縁日	緑化

2　同字異音語

　同じ熟語でも，「利益（りえき・りやく）」のように，読み方によって意味が異なるものもあるので注意しよう。

悪：悪人　険悪　嫌悪　悪寒〔悪気〕

右：右折　右翼　座右　左右〔右寄り〕

瀟洒
すっきりと，しゃれているさま。

放逐
追い払うこと。

夭折
若くして死ぬこと。

網目
物事を分類するときの大きな区分と小さな区分。

更迭
ある地位にいる人をほかの人と代えること。

頒布
品物などを広く配ること。

仮：仮装　仮面　仮病〔仮住まい〕
家：家屋　作家　武家〔家路　家賃〕
解：解放　理解　解熱　解脱〔謎解き〕
外：外国　外科〔外側　思いの外〕
宮：宮殿　行宮　宮内庁〔お宮参り〕
業：業務　職業　専業　非業〔神業〕
殺：殺人　暗殺　相殺　殺生〔皆殺し〕
執：執行　確執　執心　執着〔執り行う〕
重：重要　貴重〔一重〕
女：女優　天女　女房〔女神〕
盛：盛況　繁盛〔山盛り　花盛り〕
相：相場　人相　首相〔相生　相弟子〕
代：代償　交代〔君が代　身代金〕
通：通過　交通　通夜〔大通り　通い路〕
弟：弟妹　師弟　兄弟　弟子〔姉と弟〕
度：度胸　温度　法度　支度〔この度〕
内：内部　国内　内裏　境内〔内弁慶〕
納：納税　納豆　納屋　出納
病：病院　看病　疾病〔気に病む〕
分：分別　分配　気分　四分音符〔山分け〕
流：流行　急流　流布　流人〔着流し〕

解脱
迷いや苦しみから解放されて，悟りを開くこと。

行宮
天皇の行幸のときに旅先に設ける仮宮。

相生
一つの根元から幹が二つに分かれて成長すること。また，二本の幹が途中で一緒になること。

出納
金銭などを出し入れすること。

流人
他国をさすらう人。または流罪の刑に処せられた人。

TRY! ▶ 過去問にチャレンジ

No.1

下線部を漢字に直したとき，同じ漢字となるのはどれか。

【国家一般職／税務／社会人】

1 ケン実な運営方針をとったことは，ケン明な判断であった。

2 多キにわたる事業展開が成功し，キ運に乗じてさらに事業を拡大した。

3 事故原因をキュウ明し，上層部の責任を追キュウする。

4 窓を開けてカン気するように注意カン起した。

5 彼は，青息ト息の現状をト露した。

正答と解説

No.1 の解説

1✕ 下線部の漢字は「堅」実と「賢」明で，同じ漢字とはならない。

2✕ 下線部の漢字は多「岐」と「機」運で，同じ漢字とはならない。なお，「機運」は時の巡り合わせのことで，「気運」は時勢の成り行きのことになる。

3✕ 下線部の漢字は「究」明と追「及」で，同じ漢字とはならない。

4✕ 下線部の漢字は「換」気と「喚」起で，同じ漢字とはならない。

5〇 正しい。「吐」息，「吐」露で同じ漢字である。

1 四字熟語

特に下線の文字は誤りやすいので，注意しよう。

以心伝心（いしんでんしん）

　　無言のうちにこちらの意が相手に伝わること。

一騎当千（いっきとうせん）

　　一人で千人もの敵に対抗できるほど強いこと。

意味深長（いみしんちょう）

　　隠されたニュアンスが含まれている様子。

温故知新（おんこちしん）

　　昔のことを学んで新しいことを理解すること。

勧善懲悪（かんぜんちょうあく）

　　よい行いを勧め，悪い行いを懲らしめること。

疑心暗鬼（ぎしんあんき）

　　一度疑い出すとすべて信じられなくなること。

荒唐無稽（こうとうむけい）

　　言うことがとりとめもなく，でたらめなこと。

呉越同舟（ごえつどうしゅう）

　　仲の悪い者どうしが同じ場所にいること。

五里霧中（ごりむちゅう）

　　霧の中にいるようで，判断がつかないこと。

言語道断（ごんごどうだん）

　もってのほかであること。

自画自賛（じがじさん）

　自分で自分をほめること。

四面楚歌（しめんそか）

　まわりが敵ばかりで，孤立してしまうこと。

針小棒大（しんしょうぼうだい）

　小さなことをおおげさに言うこと。

絶体絶命（ぜったいぜつめい）

　追いつめられた，危機的な状態。

単刀直入（たんとうちょくにゅう）

　前置きなしに，直接本題に入ること。

朝令暮改（ちょうれいぼかい）

　命令などが頻繁に変わって一定しないこと。

当意即妙（とういそくみょう）

　その場に適した機転が即座にきくこと。

付和雷同（ふわらいどう）

　決まった考えを持たず，他人の説に従うこと。

傍若無人（ぼうじゃくぶじん）

　人前をはばからず，勝手な行動をすること。

無我夢中（むがむちゅう）

　我を忘れて夢中になること。

優柔不断（ゆうじゅうふだん）

　ぐずぐずしていて決断力のないこと。

竜頭蛇尾（りゅうとうだび）

　最初は勢いがよく，終わりがふるわない様子。

2 類義語

遺憾－残念	以後－以降	意見－見解	田舎－地方
委任－委託	運命－宿命	応援－援助	応接－応対
温和－温厚	介入－関与	加入－参加	慣習－習慣
観点－視点	起工－着工	帰省－帰郷	規則－規律
基本－基礎	寄与－貢献	欠点－短所	謙虚－謙遜
交渉－折衝	失望－落胆	質問－質疑	使命－任務
順調－好調	将来－未来	生計－家計	精読－熟読
絶賛－激賞	想像－空想	長所－美点	動機－原因
得意－得手	破産－倒産	不安－心配	不足－欠乏
閉鎖－封鎖	方法－手段	容易－平易	用途－使途

3 対義語

安心－心配	以下－以上	遺失－拾得	依存－独立
温暖－寒冷	解放－束縛	過激－穏健	官軍－賊軍
間接－直接	起工－竣工	求職－求人	急性－慢性
許可－禁止	原因－結果	現実－理想	故意－過失
公設－私設	雑然－整然	散在－密集	集中－分散
需要－供給	勝利－敗北	精密－粗雑	絶対－相対
増加－減少	創造－模倣	単純－複雑	抽象－具象
陳腐－新奇	破壊－建設	繁栄－衰微	悲観－楽観
必然－偶然	普通－特殊	分析－総合	文明－野蛮
豊作－凶作	優雅－粗野	有限－無限	容易－困難
予習－復習	理性－感性	理論－実践	浪費－倹約

TRY! 過去問にチャレンジ

No.1 四字熟語の漢字がすべて正しいのはどれか。

【国家一般職／税務／社会人】

1 異口同音　以心伝心

2 適財適所　温古知新

3 社交辞礼　孤立無縁

4 三位一体　諸行無情

5 短刀直入　支離滅列

正答と解説

No.1 の解説

1○ 正しい。「異口同音」は多くの人が口をそろえて同じことを言うこと。「以心伝心」は言葉を使わなくても，お互いに心が通じ合うこと。

2✕ 適財適所の「財」が誤り。正しくは「材」で，「適材適所」。温古知新は「古」が誤り。正しくは「故」で，「温故知新」。

3✕ 社交辞礼の「礼」が誤り。正しくは「令」で，「社交辞令」。孤立無縁は「縁」が誤り。正しくは「援」で，「孤立無援」。

4✕ 三位一体はすべて正しい漢字で，3つのことが一体となっている様子。諸行無情は「情」が誤り。正しくは「常」で，「諸行無常」。

5✕ 短刀直入の「短」が誤り。正しくは「単」で，「単刀直入」。支離滅列は「列」が誤り。正しくは「裂」で，「支離滅裂」。

★★
テーマ 03 文法・敬語

・文法では，品詞の区別や助動詞の用法に関する問題が多い。
・敬語は３つの種類と正しい表現・使い方が問われる。

---

1 文法

```
自立語 ─┬─ 活用する ──── 述語になる（用言）─┬─ 動詞
        │                                   │   （買う・食べる）
        │                                   ├─ 形容詞
        │                                   │   （白い・美しい）
        │                                   └─ 形容動詞
        │                                       （静かだ〔です〕）
        │
        └─ 活用しない ─┬─ 主語になる（体言）── 名詞
                       │                       （山・花・日本）
                       ├─ 修飾語（用言を修飾）── 副詞
                       │                         （ふと・とても）
                       │       （体言を修飾）── 連体
                       │                         （あの・小さな）
                       ├─ 接続語だけになる ── 接続詞
                       │                       （だが・そして）
                       └─ 独立語だけになる ── 感動詞
                                               （はい・おや）
付属語 ─┬─ 活用する ──────────────────── 助動詞
        │                                   （海だ・行こう）
        └─ 活用しない ──────────────────── 助詞
                                            （私は・友達と）
```

品詞の見分け方

（1）助動詞「れる・られる」の用法

①可能「質問に答え<u>られる</u>」

　→（〜することができる）に言い換えられる

②受け身「父にしか<u>られる</u>」

236

→（～することをされる）に言い換えられる

③尊敬「先生が話される」

　　→（お（ご）～になる）に言い換えられる

④自発「当時が思い出される」

　　→（自然に・ひとりでに）を付け加えられる

（2）「ない」の識別

①否定の助動詞「答えがわからない」

　　→（～ ぬ）に言い換えられる

②形容詞「あの山は高くない」

　　→（ないの前に「は」を補える）

③形容詞の一部「弟はまだおさない」

　　→（上の２つに該当しない）

（3）「～れる」の形の動詞と助動詞「れる・られる」の見分け方

①ラ行動詞

　　→活用部分がラ行のもの。流れる・離れるなど

②可能動詞

　　→五段活用の動詞から作られたもので，下一段活用となる。（例）切る→切れる　取る→取れる

⇒「～れる」または「～られる」の部分を「ない」に置き換えて意味が通れば，その「れる」「られる」は助動詞である。ただし，ラ行五段活用の動詞の場合は，「～られる」の「れる」を「ない」に置き換える。

「見る，食べる」は，「見る」が上一段活用，「食べる」が下一段活用と五段活用ではないので，可能動詞（見れる，食べれる）にはならない。

考えられる→考えない…○（助動詞）

歌われる→歌わない…○（助動詞）

取れる→取れない…×（動詞の一部）

2　敬語

237

尊敬語

相手を直接敬う言い方。動作主は自分以外

①お（ご）〜になる（なさる）の形にする

　（例）出かける→お出かけになる

②尊敬の助動詞「れる・られる」を付ける

　（例）書く→書かれる　話す→話される

③尊敬の意味を持つ特別な動詞を用いる

　（例）食べる→召し上がる　言う→おっしゃる

④尊敬の意味を表す接頭語「お・御・ご・貴」を
　付ける

　（例）お帽子　御社　ご子息　貴社

 謙譲語

自分をへりくだる言い方。動作主は自分や身内

①お（ご）〜する（いたす）の形にする

　（例）招く→お招きする

②謙譲の意味を持つ特別な動詞を用いる

　（例）見る→拝見する　もらう→いただく

 丁寧語

聞き手を敬うために丁寧な気持ちを表す言葉

①丁寧な意味を表す接頭語「お・ご」を付ける

　（例）お米　お茶　お手伝い　ご飯　ごちそう

②丁寧な意味を表す助動詞・補助動詞「です・ま
　す・ございます」を付ける

　（例）花だ→花です　行く→行きます

238

TRY! ▶ 過去問にチャレンジ

No.1 次のA〜Eの文のうち，敬語の使い方が妥当なもののみを挙げているのはどれか。　**【国家一般職／税務／社会人】**

A：会議の開催場所につきましては，当日，受付の者にお尋ねになってください。

B：先生は，昨日の演奏会に参りましたか。

C：先生の御活躍はよく存じ上げております。

D：私が手作りしたクッキーです。皆さんでいただいてください。

E：この商品をもっとよく拝見したい方は，どうぞ店員にお申し付けください。

1 A，C　**2** A，D　**3** B，D　**4** B，E　**5** C，E

正答と解説

No.1 の解説

A：妥当である。「お尋ねになる」は会議に参加する参加者に対して用いる尊敬語の表現である。

B：「先生」が主語となっている場合，「参りましたか」は誤り。ここでは尊敬語を用いる。正しくは「演奏会にいらっしゃいましたか」。

C：妥当である。「存じ上げております」の「存じ上げる」は話者本人が「知っている」の謙譲語の表現となっている。

D：「いただいてください」は誤り。「いただく」は「食べる」の謙譲語で，ここでは尊敬語「召し上がる」を用いる。正しくは「召し上がってください」。

E：「拝見したい」が誤り。「拝見する」は謙譲語。正しくは尊敬語の「ご覧になりたい」。よって，妥当なものはAとCで，正答は1である。

慣用句・故事ことわざ

1 慣用句

相づちを打つ：相手に調子を合わせて受け答えをしたり,うなずいたりする。

頭を痛める：難題を解決しようとして,苦労する。

油を売る：無駄話をして時間をつぶしたり,仕事を怠けたりする。

馬が合う：相手と気持ちがしっくり合う。

お茶を濁す：いい加減なことを言って,その場を適当にごまかす。

顔から火が出る：とても恥ずかしくて,赤面する。

肝に銘ずる：忘れないように心に深く刻みつける。

口がすべる：言ってはいけないことを,うっかり言う。

言語に絶する：あまりのはなはだしさにあきれて,言葉で言い表せない。

さじを投げる：物事に見込みがなく,あきらめる。

手に汗を握る：危ないものごとや激しい争いを見聞きし,はらはらする。

手に負えない：扱い切れない。 ＝手に余る

手塩にかける：自分が面倒をみて,大切に育てる。

二の句がつげない：あきれて次の言葉が出ない。

2つ以上の単語が結びついて,全体で特定の意味を表す言葉。身体の一部を用いた表現が多い。

二の舞を演じる(踏む)：人と同じ失敗を繰り返す。

寝耳に水：不意の出来事にびっくりする。

筆が立つ：文章を書く能力が優れている。

へそを曲げる：機嫌を悪くする。＝つむじを曲げる

ほぞを固める：決心する。

耳が痛い：自分の弱点や欠点を言われて，聞くのがつらい。

耳が早い：噂やニュースを聞き知ることが早い。

目が利く(高い)：人や物の本質を見抜く力がある。

目に余る：黙って見ていられないほどひどい。

「ほぞをかむ」は後悔するという意味。

2 ことわざ

石の上にも三年：辛抱すれば，いつか報われる。
　＝待てば海路の日和あり

石橋を叩いて渡る：用心の上にも用心を重ねる。
　＝念には念を入れよ

馬の耳に念仏：いくら言っても効き目がないこと。
　＝馬耳東風

海老で鯛を釣る：わずかな元手で，大きな利益を手に入れる。

傍（岡）目八目：第三者の立場で見ていると，物事のよしあしがよくわかる。

河童の川流れ：名人・達人も時には失敗する。
　＝猿も木から落ちる

朱に交われば赤くなる：付き合う相手によって，よくも悪くもなる。

昔から言いならわされてきた言葉で，批評や風刺，教訓や生活の知恵などを含みます。

船頭多くして船山に登る：指図する人が多すぎて，物事がうまくいかない。

立て板に水：立て板に水を流すように，弁舌がなめらかなこと。

玉にきず：完全と言っていいくらいだが，ほんのわずかな欠点があること。

情けは人のためならず：人に親切にすれば，いつかは自分に返ってくる。

猫に小判：貴重なものの価値がわからない。
　＝豚に真珠

覆水盆に返らず：一度してしまったことは，取り返しがつかない。

渡りに舟：困っているところに，好都合のことが起こる。

3 故事成語

漁夫（父）の利：当事者が争っているうちに，第三者が利益を得ること。

五十歩百歩：多少の違いはあっても大差がない。

塞翁が馬：人生の幸，不幸は予測できない。

杜撰：いいかげんなこと。

他山の石：自分より劣っている人の言行も，自分の知徳を磨く助けとなる。

虎の威を借る狐：有力者の権力をたてに威張る者。

背水の陣：必死の覚悟で敵に立ち向かうこと。

いわれのある事柄（故事）から出来た言葉で，中国の古典によるものが多いです。

242

TRY! 過去問にチャレンジ

No.1 次のことわざ，または慣用句とその意味の組合せのうち最も妥当なのはどれか。 【国家一般職／税務／社会人】

1 足が付く…行動にしっかりした落ち着きがあること。

2 情けは人のためならず…人に情けをかけるとその人のためにならないこと。

3 絵に描いたよう…空想的なものは実際の役に立たないこと。

4 虻蜂取らず…危険にはなるべく近づかないほうがよいこと。

5 流れに棹さす…時流にうまく乗り，目的に向かって順調に進むこと。

正答と解説

○ **No.1** の解説

1✕ 「足が付く」は，犯人の身元などが分かり，犯罪事実が明白になること。「行動にしっかりした落ち着きがあること」は「地に足の着いた」。

2✕ 「情けは人のためならず」は，人に親切にすれば，やがてよい報いとなって自分に返ってくること。「人に情けをかけるとその人のためにならないこと」は「情けが仇」。

3✕ 「絵に描いたよう」は美しく素晴らしい様子のこと。「空想的なものは実際の役には立たないこと」は「絵に描いた餅」。

4✕ 「虻蜂取らず」は2つのものを同時に取ろうとしても得られないこと。「危険にはなるべく近づかないほうがよいこと」は「君子危うきに近寄らず」。

5○ 妥当である。

覚えておきたい表現

前置詞，語順，和訳の正誤など，文法を問う問題はさまざまな形で出題される。例文とセットで覚えておこう。

so ～ that［主語＋動詞］：とても～なので…
The trunk was **so** heavy **that** she couldn't carry it.
そのトランクはとても重かったので彼女は持つことができなかった。

too ～ to［動詞］：とても～なので…
The trunk was **too** heavy for her **to** carry it.
そのトランクは彼女が持つには重すぎた。

get ～［過去分詞］：～を…（過去分詞）してもらう，～を…（過去分詞）してしまう
I want to **get** my homework **finished** by six o'clock.
私は6時までに宿題を終わらせたい。

remind A of B：AにBのことを思い出させる
This song always **reminds** me **of** my school days.
この歌はいつも私に，学生時代を思い出させる。

One of the［形容詞・副詞の最上級］：最も～な中の一つ（一人）
Doraemon is **one of the** most popular characters in Japanese comic culture.
ドラえもんは，日本のマンガ文化で最も人気のある登場人物の中の一人だ。

編集協力	エディット
本文組版	中央制作社
カバーデザイン	cycledesign
イラスト	アキワシンヤ

●本書の内容に関するお問合せについて

　本書の内容に誤りと思われるところがありましたら，まずは小社ブックスサイト
（jitsumu.hondana.jp）中の本書ページ内にある正誤表・訂正表をご確認ください。
正誤表・訂正表がない場合や訂正表に該当箇所が掲載されていない場合は，書名，
発行年月日，お客様の名前・連絡先，該当箇所のページ番号と具体的な誤りの内容・
理由等をご記入のうえ，郵便，FAX，メールにてお問合せください。

　〒163-8671　東京都新宿区新宿 1-1-12　実務教育出版　第二編集部問合せ窓口

　FAX：03-5369-2237　　E-mail：jitsumu_2hen@jitsumu.co.jp

【ご注意】

※電話でのお問合せは，一切受け付けておりません。

※内容の正誤以外のお問合せ（詳しい解説・受験指導のご要望等）には対応できません。

公務員試験［高卒程度・社会人］
らくらく総まとめ　人文科学

2021 年 9 月 10 日　初版第 1 刷発行　　　　　　　　　〈検印省略〉

編　者	資格試験研究会
発行者	小山隆之

発行所	株式会社　実務教育出版
	〒163-8671　東京都新宿区新宿 1-1-12
	TEL 編集 03-3355-1812　　販売 03-3355-1951
	振替　U0160-0-78270

印　刷	壮光舎印刷
製　本	ブックアート

[公務員受験BOOKS]

実務教育出版では、高校卒業程度の公務員試験、社会人試験向けのラインナップも充実させています。あなたの学習計画に適した書籍を、ぜひご活用ください。

人気試験の入門書

何から始めたらよいのかわからない人でも、どんな試験が行われるのか、どんな問題が出るのか、どんな学習が有効なのかが1冊でわかる入門ガイドです。

★「公務員試験早わかりブック」シリーズ[年度版] ●資格試験研究会編

高校卒で受けられる**公務員試験**早わかりブック
[国家一般職(高卒)・地方初級・市役所初級等]

社会人が受けられる**公務員試験**早わかりブック

市役所新教養試験 Light & Logical 早わかり問題集

社会人基礎試験 早わかり問題集

過去問演習で実力アップ

近年の出題傾向を徹底的に分析し、よく出る問題を厳選した過去問演習シリーズ。国家一般職[高卒・社会人]・地方初級を中心に高卒程度警察官・消防官などの初級公務員試験に対応しています。

★[高卒程度・社会人] 初級スーパー過去問ゼミ シリーズ   資格試験研究会編 ●定価1650円

初級スーパー過去問ゼミ **社会科学** [政治/経済/社会]

初級スーパー過去問ゼミ **人文科学** [日本史/世界史/地理/倫理/文学・芸術/国語]

初級スーパー過去問ゼミ **自然科学** [物理/化学/生物/地学/数学]

初級スーパー過去問ゼミ **判断推理**

初級スーパー過去問ゼミ **数的推理**

初級スーパー過去問ゼミ **適性試験**

初級スーパー過去問ゼミ **文章理解・資料解釈**

要点整理集

近年の出題傾向を徹底的に分析し、よく出るポイントを厳選してコンパクトにまとめた要点整理シリーズ。「初級スーパー過去問ゼミ」と併用して、すき間時間に知識の定着を図りましょう。

★[高卒程度・社会人] らくらく総まとめシリーズ   資格試験研究会編 ●定価1430円

らくらく総まとめ **社会科学** [政治/経済/社会]

らくらく総まとめ **人文科学** [日本史/世界史/地理/倫理/文学・芸術/国語]

らくらく総まとめ **自然科学** [物理/化学/生物/地学/数学]

らくらく総まとめ **判断・数的推理**

らくらく総まとめ **面接・作文**

試験別過去問集

近年の出題傾向を示す過去問を選りすぐり、試験別に350題を収録。全問に詳しい解説を掲載していますので、繰り返しチャレンジすることで理解度が深まります。

★公務員試験 合格の350シリーズ[年度版] ●資格試験研究会編

国家一般職[高卒・社会人] 教養試験 過去問350

地方初級 教養試験 過去問350

高卒警察官 教養試験 過去問350

大卒・高卒 消防官 教養試験 過去問350

基本書／短期攻略本

初級公務員試験 **よくわかる判断推理**
田辺 勉著 ●定価1320円

初級公務員試験 **よくわかる数的推理**
田辺 勉著 ●定価1320円

初級公務員 **一般知識らくらくマスター**
資格試験研究会編 ●定価1320円

高卒程度公務員 完全攻略問題集
[年度版] 麻生キャリアサポート監修 資格試験研究会編

★国家一般職[高卒]・地方初級 速習ワークシリーズ   資格試験研究会編 ●定価968円

教養試験 **知識問題30日間速習ワーク**

教養試験 **知能問題30日間速習ワーク**

適性試験20日間速習ワーク

別冊受験ジャーナル**高卒程度公務員 直前必勝ゼミ**[年度版]
時事問題の総まとめ、頻出項目の直前チェック、予想問題、作文・面接対策など、試験会場まで必携の最終アイテム!

年度版の書籍については、当社ホームページで価格をご確認ください。https://www.jitsumu.co.jp/